Adrien Lehman

SERVICES PUBLICS L'URGENCE D'AGIR

DBS

Pour toute information sur notre fonds et les nouveautés dans votre domaine de spécialisation, consultez notre site web : **www.deboecksuperieur.com**

Rue du Bosquet 7 – B-1348 Louvain-la-Neuve

Dépôt légal :
Bibliothèque nationale, Paris : octobre 2025
Bibliothèque royale de Belgique, Bruxelles : 2025/13647/163 ISBN : 978-2-8073-6814-9

Sommaire

LES SERVICES PUBLICS DE DEMAIN

Introduction – Le grand paradoxe

Les services publics n'ont jamais coûté aussi cher, alors que leur qualité est perçue comme dégradée par le public. Cette affirmation a quelque chose de terrible, pour toutes celles et ceux qui s'engagent pour ces activités d'intérêt général et bien entendu pour le citoyen, qui se trouve être aussi un usager, un contribuable et parfois lui-même un agent public. Quand on parle de l'État ou des diverses structures publiques, certains ont la tentation de n'évoquer que de supposés avantages dont jouiraient ceux qui servent les autres. Pourtant, l'argent public finance des missions très variées, sur tout le territoire, et autrement plus coûteuses : des hôpitaux aux écoles, de la police à la justice. Ces politiques publiques sont indispensables, mais font aussi face à de nombreux défis, qui nécessitent des financements élevés. Si les taux d'intérêt bas des quinze dernières années ont temporairement éloigné la question de l'endettement du débat public, elle est désormais plus que jamais centrale, tant la sensation d'avoir repoussé des limites est forte. Nous sommes assurément à la croisée des chemins.

Deux visions s'opposent éternellement. D'un côté celle des analystes financiers, qui constatent que le budget de l'État est structurellement en déficit et que les prélèvements obligatoires n'ont jamais été aussi élevés. De l'autre côté, celle des citoyens, qui perçoivent une baisse de la qualité des services publics. Ainsi, seuls 44 % des usagers en ont une opinion positive, même s'ils sont 73 % à se dire satisfaits du service dont ils ont directement bénéficié[1]. S'ils s'estiment individuellement bien traités, ils sont donc très critiques envers l'action publique en général. Ils considèrent que la santé, l'éducation nationale et la justice doivent faire l'objet d'efforts particuliers. Le service public de la justice est d'ailleurs celui dont les usagers ont la moins bonne opinion, avec 33 % de satisfaction, à quasi-égalité avec l'éducation nationale (34 %) et le logement (35 %). Au demeurant, au niveau international, la France se place juste à

1. Institut Paul Delouvrier, « Les services publics vus par les Français et les usagers », baromètre, 24e édition, 2024.

la moyenne parmi les pays de l'OCDE en ce qui concerne la satisfaction du public en matière d'éducation, d'accès aux soins ou de confiance en la police locale[2]. Les professionnels de ces secteurs alertent aussi bien légitimement sur le terrain en témoignant des difficultés qu'ils rencontrent.

En première analyse, ces deux visions semblent irréconciliables. Les Français eux-mêmes n'y voient d'ailleurs pas bien clair, puisqu'ils sont 49 % à estimer qu'il faut baisser le niveau des prélèvements obligatoires, même si cela implique de réduire la qualité des services publics, mais ils sont aussi 47 %, selon la même étude, à penser qu'il faut améliorer les prestations proposées par les services publics, même si cela implique d'augmenter le niveau de ces prélèvements[3].

Dans les faits, dans le débat public, des pages débats des journaux aux colloques, c'est souvent la même valse à trois temps qui se joue lorsqu'on évoque la qualité des services publics. Dans un premier temps, dans un secteur donné, par exemple l'éducation ou la santé, les professionnels concernés vont se mobiliser par les moyens qui leurs sont propres pour évoquer les difficultés

---

2. OCDE (2024), Enquête de l'OCDE sur les déterminants de la confiance dans les institutions publiques – résultats 2024 : « Instaurer la confiance dans un contexte complexe », Éditions OCDE.

3. Institut Paul Delouvrier, *op. cit.*

qu'ils rencontrent. Il peut s'agir de fermetures de classes qu'ils jugent « injustifiées », ou de mesures d'économie à l'hôpital qu'ils estiment « injustes ».

Dans un deuxième temps, les autorités publiques responsables prennent la parole pour rappeler que, dans un contexte contraint de finances publiques, des engagements budgétaires « inédits » ont été pris, assortis d'augmentations « significatives » pour prendre en charge des problématiques « prioritaires ». Chacun est de bonne foi et dans son rôle : d'un côté, les autorités ayant pris ces mesures ne tireront que peu de bénéfices des marges de manœuvre financières qu'elles ont dégagées, lesquelles ne donneront bien souvent des résultats qu'à moyen terme ; de l'autre, les professionnels et usagers concernés conserveront encore longtemps le goût amer de ce qu'ils vivent comme un recul significatif d'un service auquel ils sont attachés.

Dans un troisième temps, fort heureusement, ces deux populations se rejoindront pour rappeler qu'au-delà des enjeux de court terme il conviendra de poursuivre des investissements massifs pour être à la hauteur des enjeux de demain, lesquels relèvent notamment des transitions écologiques et numériques. Mais dans ces grandes déclarations, il faut faire la part entre ce qui tient de l'incantation et les engagements réels. Ce n'est pas toujours évident.

Face à cette apparente quadrature du cercle, il y a toujours la tentation de mesures radicales.

Certains concluent hâtivement à la nécessité de confier l'ensemble de ces activités au privé, lequel serait toujours synonyme de meilleure qualité, à moindre coût. En réalité, si une part d'activité privée peut se justifier pour certains métiers, elle paraît inenvisageable pour d'autres, notamment pour des raisons de souveraineté. D'autres vivent dans la nostalgie d'une époque idéalisée où le service public répondait parfaitement aux besoins des usagers, tout en apportant de la fierté aux agents. En réalité, les économistes ont montré que les deux modèles – public comme privé – ont leurs forces comme leurs faiblesses, et que les grandes organisations présentent souvent d'ailleurs les mêmes travers, peu importe qu'elles soient du secteur public ou privé, surtout si elles se trouvent en position dominante ou de quasi-monopole. Nous pouvons donc collectivement faire le choix d'un niveau de socialisation élevé, mais il faut alors justifier les montants élevés engagés chaque année par un taux de satisfaction remarquable. Admettons que des marges de progrès existent.

Cet essai se propose de tenter de résoudre ces multiples paradoxes. Les Français sont attachés à l'action publique, en général, et aux services publics de proximité dont ils bénéficient, en particulier ; pour autant, ils jugent sévèrement leur qualité, surtout compte tenu des efforts financiers engagés par les pouvoirs publics. En analysant le budget de l'État secteur par secteur (enseignement, justice, police, hôpitaux, etc.), on dressera un panorama sans concession de l'état des services offerts aux citoyens, tout en posant la question de l'efficacité de la dépense. En outre, les évolutions historiques des grandes politiques publiques éclairent souvent les difficultés qu'elles rencontrent de nos jours, de même que leurs spécifiés en matière de financement ou de gouvernance. Intervention de l'État ou place renforcée d'autres acteurs, des associations aux entreprises en passant par les collectivités locales, il n'y a pas de modèle magique mais une seule question : en avons-nous pour notre argent ? Pour répondre à cette question, on mobilisera des résultats de travaux de recherche et d'analyse français, européens et internationaux des politiques publiques. L'enjeu est de parvenir à concilier qualité des services publics, rétablissement des comptes publics et justice sociale. L'équilibre de ce triangle est la seule manière soutenable d'ouvrir un chemin. Des solutions existent. Il nous appartient désormais d'avancer sur la ligne de crête.

LES FRANÇAIS ET LEURS SERVICES PUBLICS

« *Cyclope d'une puissance et d'une maladresse indignes, enfant monstrueux de la force et du droit ; si l'État est fort, il nous écrase, s'il est faible, nous périssons.* »

Paul Valéry, *Regards sur le monde actuel*, 1931

Chapitre 1
Un débat impossible ?

Pour décider effectivement de l'avenir des services publics, il nous faut probablement être capables de débattre autrement. Nombreuses sont les institutions, comme France Stratégie, les écoles, comme Sciences Po, ou même les émissions de radios, voire de télévision, qui soutiennent l'idée d'un débat public fondé sur des faits, des évaluations indépendantes et des échanges contradictoires, où les positions ne soient pas figées. Pour autant, notre époque est bien celle du règne de l'opinion, voire des fausses informations – les fameuses *fake news* – diffusées sans scrupules. Dans une société démocratique, il est évidemment normal qu'existent des divergences, des désaccords et même des contradictions – le débat public est là pour les trancher. Encore faut-il qu'il soit efficace.

Les crises se succèdent et se ressemblent souvent. Combien de fois assistons-nous aux mêmes débats, qui reviennent en boucle ? Sur les services publics difficiles à financer, sur les impôts toujours trop élevés, sur la dette publique toujours trop lourde. Pourtant, à chaque nouvel épisode de ce feuilleton, chacun se persuade qu'il s'agit d'une crise et qu'elle pourra être résolue avec une nouvelle loi en fonction de ses propres tropismes. Dans ce monde de crises multiples, où le changement devient structurel, la dimension technique des problèmes est souvent évacuée au bénéfice d'une approche plus émotionnelle. La dimension économique de la pandémie de Covid-19 de 2020 à 2022 en offre un exemple : le débat public a largement ignoré cet aspect de la crise. Les 100 milliards d'euros du plan de relance annoncé en septembre 2021 par Bruno Le Maire, alors ministre de l'Économie, apparaissaient comme une vaste somme d'argent sans incarnation concrète ; 80 % des Français doutaient même que le plan de relance aurait un impact positif sur leur situation personnelle ou sur leur territoire (65 %)[1]. De manière générale, demander aux Français d'énumérer les mesures d'un dispositif public les concernant aboutit le plus souvent à un constat décevant. Mais ils ne sont pas les seuls : le même constat peut être établi dans la grande majorité des pays. C'est la

1. Lehman A. et Ahmadi A. (2020), *Les Français et l'économie : un débat public impossible ?*

conséquence de politiques publiques toujours plus complexes et nombreuses.

Pour les Français, les services publics sont partout et nulle part. Ils ne font pas toujours le lien entre leurs problèmes du quotidien (salaires, emplois, impôts, pouvoir d'achat, retraites, etc.) et les grands enjeux de politiques publiques, comme la crise de la dette publique ou le protectionnisme. Par exemple, aucun citoyen ne peut tracer avec précision la destination des impôts dont il s'acquitte. Pour peu que le taux d'insatisfaction vis-à-vis des services publics soit élevé, c'est le « ras-le-bol fiscal » assuré, selon l'expression consacrée. Le raisonnement fonctionne aussi pour la lutte contre le chômage, alors que tant de services publics lui sont dédiés. En effet, retrouver le chemin de l'emploi se traduit souvent par des mesures prises aujourd'hui pour des résultats incertains et différés dans le temps. Ainsi, le président François Hollande (2012-2017) a dû admettre, dans les derniers mois de son mandat, qu'il n'était pas parvenu à faire baisser suffisamment le chômage, alors même que de nombreux efforts avaient été engagés et que la courbe s'inversait.

Un débat sur les politiques publiques souvent caricatural

Le désintérêt supposé des citoyens pour les questions techniques liées à leurs services publics aboutit à un débat public de faible qualité, binaire, utilisant la rhétorique du « pour ou contre ». Les arguments échangés se bornent ainsi à opposer discipline budgétaire et investissement, ou chômage et commerce international. Au fond, tout se passe comme si, en matière d'analyse économique, nous en étions restés aux connaissances des années 1960. Les maigres analyses techniques qui parviennent jusqu'aux oreilles des Français sont ensuite caricaturées, souvent involontairement, par ceux qui se risquent à débattre. Prenons un exemple économique simple. Pour parler de croissance, le produit intérieur brut (PIB) est aisément évoqué, sans que l'on explique pour autant ce qu'il représente. Or, cela n'a pas beaucoup de sens de réduire la définition de la croissance, c'est-à-dire l'augmentation des richesses produites, au seul indicateur qui la mesure. Ce serait exactement comme expliquer ce qu'est la température en évoquant les degrés Celsius d'un thermomètre, qui peuvent monter ou baisser, sans expliquer ce que sont le chaud et le froid, qui correspondent pourtant à la réalité de la température et de ses variations. Au demeurant, cet exemple rappelle que cette situation concerne plus largement les questions économiques et sociales. Ainsi, si le débat public est pauvre, c'est souvent parce que les connaissances fondamentales ne sont pas assez maîtrisées par celles et ceux qui ont la charge de l'animer.

Ce constat n'est pas nouveau : il avait déjà été fait après la crise de 2008. Le gouvernement avait alors lancé une stratégie d'éducation économique et financière des publics, opérationnelle à partir de 2016. Pour autant, plus de dix ans après cette crise, peu de Français sont capables d'expliquer les ressorts de cet événement dont les conséquences ont été durables. Or, ce manque de liens construits par le public entre les mécanismes économiques généraux et les destins individuels mène à une impasse. Les Français s'insurgent légitimement contre une fermeture d'usine, une délocalisation ou le chômage de masse, mais très peu ont conscience d'avoir à leur disposition les outils conceptuels pour proposer une autre solution, ce qui nourrit le populisme et ses idées faciles.

Dans ce contexte, la confiance que le public place dans les institutions peut être remise en cause – et l'est très largement – au gré des crises ou du fait d'un scandale, si les citoyens ne voient plus les raisons pour lesquelles ils apporteraient leur soutien, en tant que contribuables mais aussi en tant qu'usagers. Ainsi, en 2024, 70 % des Français affirment ne pas avoir confiance en la politique, c'est plus que dans des pays comme l'Allemagne (55 %) ou la Pologne (46 %). Si les citoyens se fient encore aux élus locaux (60 % d'entre eux ont confiance en leur maire), il en va différemment lorsque l'institution apparaît éloignée de leurs préoccupations quotidiennes (28 % seulement font confiance au gouvernement). On peut tout de même se rassurer en notant que les citoyens ont un niveau de confiance plus élevé à l'égard de beaucoup de services publics

(77 % concernant la gendarmerie, 75 % pour les hôpitaux, 68 % pour la sécurité sociale, etc.) que pour les grandes entreprises (46 %) ou les banques (40 %). En revanche, ils accordent davantage leur confiance aux artisans (82 %) ou aux petites et moyennes entreprises (79 %)[2].

Au fond, moins qu'une distinction entre public et privé, la défiance porte surtout sur les grandes structures jugées trop complexes et éloignées de leurs préoccupations. Ces chiffres pourraient paraître relativement rassurants, mais ils s'inscrivent dans une tendance fortement baissière : ils perdent tous environ dix points entre 2014 et 2024 et la tendance n'a pas de raison d'arrêter son chemin. Or, certaines politiques publiques, par exemple en matière de sécurité ou d'économie, peuvent difficilement être construites exclusivement au niveau local et nécessitent la mobilisation de notions théoriques très élevées.

Ce mouvement de perte de confiance dans les institutions politiques et les grands services publics est évidemment inquiétant. En effet, pour reprendre la formule de Jean-Marc Sauvé, vice-président du Conseil d'État (2006-2018), « La confiance qu'inspire le fonctionnement des services publics aux personnes qui font appel à eux est un fondement

2. Sciences Po, CEVIPOF, « En quoi les Français ont-ils confiance aujourd'hui ? », Le baromètre de la confiance politique.

du pacte social et elle participe de la bonne gouvernance publique[3]. » Or, nombreux sont les citoyens qui se détournent désormais des politiques publiques comme mode de résolution de leurs problèmes quotidiens. Dans le brouhaha d'informations contradictoires, imprécises ou inutilement polémiques, les représentants d'intérêt sectoriels interviennent pour sauver ce qu'ils peuvent en fonction – précisément – de leurs intérêts, sans garantie d'efficacité pour la collectivité. Ainsi, d'un mauvais débat, on tire de mauvaises politiques. C'est quand même ennuyeux.

UN CHANGEMENT EST POSSIBLE, MAIS À LONG TERME

Soyons honnêtes : cette situation ne changera pas du jour au lendemain. Renforcer la connaissance des grandes politiques publiques et des outils théoriques fondamentaux en droit, en histoire ou en économie dans les programmes éducatifs est bien sûr un axe de travail et pas seulement pour les lycéens. Les théories économiques sont d'ailleurs largement mobilisées par les jeunes générations pour se faire entendre et défendre leurs idées : la transition écologique ou la révolution digitale font partie de leur culture politique.

Dans le débat public contemporain, il est urgent de réconcilier l'émotion des faits du quotidien avec

3. Sauvé J.-M. (2011), éditorial du vice-président, rapport annuel du Conseil d'État pour l'année 2010.

les grandes décisions techniques prises à Paris ou Bruxelles. Tout d'abord, un travail de communication pédagogique poussé est pour cela nécessaire. Traduire les mesures publiques en résultats concrets à l'échelle du citoyen devrait être un automatisme de communication de la part des grandes institutions publiques. Ensuite, énumérer les mesures prises ne suffit pas, car les services publics fonctionnent comme un système général, et non pas comme une accumulation de mesures. Enfin, la transparence reste la meilleure arme contre les idées complotistes.

Il n'y a pas de miracle : que ce soit au café, dans les partis politiques ou dans les médias, il faudra consacrer plus de temps à parler des politiques publiques si l'on veut garantir un débat public de qualité et à grande échelle. À court terme, nos difficultés économiques actuelles offrent une fenêtre de tir. De la relance de l'économie après la pandémie de Covid-19 en 2021 à l'augmentation du service de la dette en 2024, en passant par la lutte contre l'inflation en 2022 : voilà autant de questions qui auraient dû nous permettre de construire des discours pédagogiques et de progresser collectivement. L'approche de l'élection présidentielle de 2027 sera l'occasion d'organiser de grands débats sur la transition écologique, la modernisation de nos entreprises ou la lutte contre les inégalités. C'est comme cela que nous avons une chance de prendre les bonnes décisions et de construire collectivement l'action publique de demain.

Chapitre 2
Ce que peuvent vraiment les services publics

Lorsqu'un problème apparaît au gré de l'actualité, le premier réflexe des commentateurs est souvent de se demander ce que l'État aurait pu faire de mieux. Au fond, tout se passe comme si la réponse aux difficultés que nous rencontrons collectivement passait par toujours davantage d'actions et de dépenses publiques. Cet état d'esprit est au moins partiellement fondé, car il existe le plus souvent un dispositif qui n'attend que d'être amélioré ou complété. Cela traduit aussi la vision que nous avons de l'État. Par sa souveraineté, il semble, à nos yeux, capable de régler tous les problèmes. Raymond Carré de Malberg, un des grands professeurs de droit de la IIIe République, avait identifié avec lucidité ce goût d'absolu que nous aimons placer dans l'État : « Quand on dit que l'État est souverain, il faut donc entendre par là que, dans la sphère où son autorité est appelée à s'exercer, il détient une puissance qui ne relève d'aucun autre pouvoir et qui ne peut être égalée par aucun autre pouvoir[1]. » Si tout cela est juridiquement parfaitement exact, les faits commandent de reconnaître que l'autorité de l'État peut être contestée par des entreprises, des associations, voire parfois directement par des citoyens, qui prétendent être capables de faire mieux, tout en accusant l'État de ne pas en faire assez.

Quoi qu'il en soit, l'intensité de notre rapport à l'État et à ses services publics témoigne de leur place dans notre société. Ils sont, en quelque sorte, ceux qui doivent régler les problèmes en dernier recours – et donc, par définition, lorsque la situation est déjà largement dégradée. Il en va de même dans presque tous les secteurs, que ce soit le soutien aux commerces en zone rurale jusqu'aux actions éducatives en faveur des publics les moins favorisés, en passant par le maintien de l'ordre dans les quartiers difficiles. L'État est ainsi notre acteur en dernier recours, celui qu'on appelle pour régler ce que ni les particuliers, ni les entreprises, ni même les collectivités locales n'ont su régler avant lui.

---

1. Carré de Malberg R. (1920), *Contribution à la théorie générale de l'État*.

Contrairement au cliché habituel, ce rapport à l'État n'est pas spécifiquement français. Il est présent dans bon nombre d'économies avancées en Europe occidentale et même aux États-Unis. En matière de santé, on a tous entendu parler, au moins lors du Brexit, du National Health Service (NHS) britannique ou, lors de l'élection présidentielle américaine, des programmes de santé Medicare et Medicaid, en faveur respectivement des personnes âgées et des plus pauvres. Cela se traduit d'ailleurs par le fait que les États des économies avancées comptent parmi les plus grands employeurs du monde, tant ils exercent de fonctions. Ainsi, dans les pays nordiques, près de 30 % des emplois relèvent des administrations publiques. En France, ce nombre tombe à 21,13 %, ce qui est un niveau comparable à Israël (20,93 %), au Canada (20,68 %) ou à l'Irlande (20,49 %), la moyenne de l'OCDE étant à 18,63 %[2]. Rien de typiquement français donc, mais on peut tout de même s'interroger sur ce que peut effectivement l'État, car améliorer le fonctionnement des services publics, leur efficacité et leur équité, c'est déjà commencer par se poser la question de leur périmètre et de leurs objectifs.

2. OCDE (2023), Panorama des administrations publiques.

La question du rôle de l'État

Dans une conception souvent considérée comme libérale des services publics, ceux-ci ne devraient intervenir qu'en dernier recours, lorsque toutes les solutions privées sont épuisées. De nos jours, les Britanniques – ou du moins, ceux pour qui ils votent – partagent majoritairement cette vision. S'ils sont très attachés à leur NHS, ils ont aussi largement ouvert la gestion des services publics au secteur privé. Dans les années 2010, le gouvernement s'est ainsi complètement désengagé de l'emblématique Royal Mail, après 499 ans d'existence publique. En effet, l'histoire de cette société remonte à la création en 1516 par le roi Henri VIII du Master of the Posts. En France, au fil des générations, nous avons consolidé une vision un peu différente de l'intervention publique. La puissance publique a hérité d'une conception révolutionnaire de la volonté générale, selon laquelle – au fond – si l'État fonctionnait bien, il serait capable de résoudre tous les problèmes présentés à lui par les citoyens. Ainsi lorsqu'un service public fonctionne mal, ce n'est pas que cette compétence serait mieux exercée par d'autres entités privées, voire par les particuliers eux-mêmes, mais que le service public a été mal organisé ou qu'il souffre d'un financement insuffisant.

Par définition, dans notre débat public national, il s'agit presque toujours de demander soit davantage de moyens pour un service public, soit une réorganisation. Chaque secteur de la société estime d'ailleurs que les services publics dont il bénéficie ne sont pas assez dotés. Le même débat existe pour l'éducation, pour la culture, pour l'audiovisuel, pour la Défense nationale, pour le soutien aux entreprises, pour notre réseau diplomatique, pour la santé et bien entendu pour l'agriculture. Si nous disposions de ressources financières infinies, cela ne poserait probablement pas de difficultés, mais ce n'est pas le cas. On y reviendra d'ailleurs plus longuement au prochain chapitre. Reste donc à répartir les ressources rares dont dispose l'État pour faire au mieux. Lorsque l'on présente les fonctions de l'État, on a coutume de distinguer les fonctions régaliennes, qui le définissent, et les autres. On aurait d'un côté des fonctions qui relèvent du cœur de métier de l'État, comme le maintien de l'ordre, la défense nationale, la monnaie et la justice, et de l'autre côté des fonctions que l'État choisit d'exercer en fonction des préférences dans chaque société.

En France, où les citoyens ont une préférence forte pour la socialisation des services, c'est-à-dire leur exercice en commun, ce sont des entités publiques qui ont la charge de l'éducation nationale, de services culturels ou encore de favoriser la transition écologie. Cette division est confortable mais elle est largement factice. En effet, les fonctions que nous percevons comme régaliennes sont exercées par le privé dans de très nombreux pays, avec des systèmes de délégation plus ou moins forts. On peut penser par exemple aux sociétés de sécurité privées aux États-Unis ou à l'émission par des sociétés privées des billets de banque à Hong Kong. Ainsi sur ce territoire, zone administrative spéciale de la Chine populaire, les billets sont émis par HSBC, Bank of China et la Standard Chartered Bank. L'autorité monétaire hongkongaise n'exerce, quant à elle, qu'un contrôle de ces organismes, à la manière d'une mairie qui s'assure que le prestataire s'occupe bien du ramassage des ordures. Ce qui semble relever du cœur de métier de la puissance publique est donc parfois perçu comme mieux exercé par le marché dans d'autres régions. Le contraire est aussi vrai, c'est une question de perception collective que nous nous faisons d'un problème.

Dès lors, pourquoi l'État doit-il agir ? Comment peut-il agir ? Quel jugement porter sur son action ? Bien des fantasmes entourent l'État. Pour les uns, il devrait agir partout, tout le temps et serait responsable de tout. Il serait même la réponse à tout : à la désindustrialisation, au chômage, au manque de créativité, en même temps qu'à toutes les injustices et toutes les inégalités. Pour les autres, il ne devrait jamais intervenir, nulle part, et son action aboutirait systématiquement à du gaspillage et de nouveaux privilèges. Au demeurant, la critique de l'État n'est pas le monopole de la gauche ou de la droite. Dès le XIXe siècle, dans les deux camps se dressent ses plus féroces détracteurs. Proudhon (1809-1865), qui a dessiné les contours de l'anarchisme, estimait ainsi qu'être gouverné est « sous prétexte d'utilité publique, et au nom de l'intérêt général, être mis à contribution, exercé, rançonné, exploité, monopolisé, concussionné, pressuré, mystifié, volé[3] ». De l'autre côté du spectre politique, le libertarien Frédéric Bastiat jugeait à la même époque que : « L'État, c'est la grande fiction à travers laquelle tout le monde s'efforce de vivre aux dépens de tout le monde. Car, aujourd'hui comme autrefois, chacun, un peu plus, un peu moins, voudrait bien profiter du travail d'autrui. Ce sentiment, on n'ose l'afficher, on se le dissimule à soi-même ; et alors que fait-on ? On imagine un intermédiaire, on s'adresse à l'État, et chaque classe tour à tour vient lui dire : "Vous qui pouvez prendre loyalement, honnêtement, prenez au public, et nous partagerons[4]." »

Entre deux pôles extrêmes, la courbe de ce que peut l'État aux yeux des citoyens fluctue selon les secteurs d'activités, les opinions philosophiques et spirituelles, la conjoncture économique, etc. Autant de paramètres difficilement identifiables qui aboutissent à l'infinité des opinions politiques

---

3. Proudhon P.-J. (1851), *Idée générale de la Révolution au XIXe siècle.*

4. Bastiat F. (1848), « L'État », dans le *Journal des débats.*

de notre temps. Nous pourrions nous contenter d'une forme de pragmatisme bien compris, permettant de naviguer à vue. Il s'agit d'être pro-business devant des patrons, social devant des professionnels de santé, pro-dialogue social devant des syndicats, pro-attractivité du territoire devant des investisseurs étrangers. Cette paresse de l'esprit aboutit surtout au grand flou de la politique du XXIe siècle, où l'on peut désormais être élu en ayant cent positions contradictoires, à condition qu'elles s'adressent à cent personnes différentes et que chacune d'entre elles se sente comprise dans son élan narcissique. Dans ce mouvement confus, bien malin est celui qui est encore capable de dire ce que peut l'État.

Coexistent aujourd'hui, on le dessinait à l'instant, deux mythes de l'État contemporain. Notre imaginaire est riche de deux figures que tout oppose. D'un côté, l'État qui peut tout : un État plein de bienveillance, fondé sur la raison. C'est l'État idéal, tel que l'ont rêvé les modernes. De l'autre côté, l'État qui ne peut rien ou, du moins, qui ne peut plus rien. Celui-là est responsable de tout et échoue sur tout. On parle d'une « France mal gérée depuis quarante ans », du gaspillage public, de l'impuissance publique même. Plutôt que d'entrer dans ce débat insoluble, intéressons-nous au marché pour identifier dans quelle mesure l'action publique peut intervenir, lorsqu'il n'est pas assez efficace. Ainsi, les économistes aiment à évoquer la supériorité de l'équilibre de marché sous concurrence pure et parfaite. Selon les modèles classiques, le fonctionnement du marché aboutit à un optimum, où toutes les richesses sont distribuées et où toutes les transactions mutuellement avantageuses ont été effectuées. On parle d'un optimum de Pareto. Cette supériorité théorique de l'équilibre de marché fait toutefois face à trois obstacles, qui ouvrent la voie à la justification d'une intervention publique : les imperfections de la concurrence, les défaillances du marché et des problèmes d'équité. Dans les pages qui suivent, nous aborderons de manière synthétique ces notions théoriques qui peuvent apparaître un peu arides en première analyse, mais pas d'inquiétude : nous y reviendrons au fil des chapitres, avec de nombreux exemples.

Les imperfections de la concurrence

Tout d'abord, pour que le marché soit efficace et permette d'atteindre l'optimum, cinq conditions de la concurrence pure et parfaite doivent être théoriquement atteintes simultanément. Ainsi, les produits proposés sur un marché doivent être homogènes pour que le prix soit le seul critère de décision discriminant pour les consommateurs. Ensuite, les offreurs et demandeurs doivent être si nombreux qu'aucun ne soit en mesure d'influencer trop directement la formation du prix. Les facteurs de production – capital et travail – doivent être parfaitement mobiles pour permettre tous les ajustements nécessaires, et offreurs comme demandeurs doivent pouvoir entrer et sortir librement du marché, afin d'en optimiser le fonctionnement. Enfin, tous les acteurs économiques doivent disposer d'une information parfaite : cette transparence de l'information est indispensable pour prendre de bonnes décisions.

Le premier obstacle que nous rencontrons est celui du relâchement des hypothèses de la concurrence pure et parfaite : autrement dit, celle-ci est souvent moins parfaite dans les faits que dans les modèles. Par exemple, les biens échangés ne sont pas homogènes, le prix n'est donc pas l'unique critère de choix des consommateurs, lesquels peuvent être amenés à prendre des décisions peu judicieuses. À l'époque où la théorie classique a été forgée, l'économie était centrée sur le secteur agricole et l'industrie lourde, deux secteurs dont les produits sont faiblement différenciés. La réalité de l'offre sur les marchés de biens et services contemporains est différente. Par leurs stratégies de différenciation, les entreprises s'efforcent en permanence de conférer à leurs produits des caractéristiques spécifiques qui individualisent leur offre par rapport à celle de leurs concurrents (segmentation du marché). Les investissements en recherche et développement (R&D) confèrent aux produits des fonctionnalités nouvelles et la protection de l'innovation par les brevets empêche son adoption immédiate par la concurrence. Les investissements en marketing et publicité permettent de créer et de développer une image de marque, qui oriente les choix des consommateurs. Dès lors, les entreprises retrouvent en pratique une marge de manœuvre dans la fixation des prix. Les consommateurs peuvent alors se sentir bien seuls.

Contrairement aux idéaux des modèles économiques classiques, le marché n'est pas non plus atomisé entre des acteurs en concurrence : certaines entreprises, à l'image des GAFAM[5] ou plus généralement des grandes firmes, ont un pouvoir de marché mondial, c'est-à-dire qu'elles sont en capacité de maintenir un prix supérieur à celui de leurs concurrents. Lorsque l'offre est réduite à un petit nombre d'entreprises, on parle d'oligopole (du grec *oligo* : « peu nombreux »). Lorsque c'est le cas de la demande, on parle d'oligopsone. Dans les cas extrêmes, l'offre (ou la demande) peut n'émaner que de deux agents, voire d'un agent unique. On parle alors de duopole (duopsone) et de monopole (monopsone). Au demeurant, dans certains cas très spécifiques, du fait de l'existence de coûts fixes, d'économies de gamme ou de

5. Google, Apple, Facebook, Amazon et Microsoft, les cinq grandes entreprises américaines qui dominent le secteur numérique.

rendements croissants (infrastructures, industries de réseau), l'équilibre concurrentiel est susceptible de ne pas être optimal, et il peut être moins coûteux d'être en situation d'oligopole, voire de monopole. On parle alors d'oligopole naturel ou de monopole naturel. Différentes études ont analysé comment des monopoles naturels pouvaient être régulés pour permettre d'optimiser le bien-être collectif et ainsi éviter toute captation de la rente par le monopole. C'est cette logique qui a favorisé l'émergence de grands services publics nationaux, en matière de transport ou d'énergie, par exemple.

La mobilité des facteurs de production n'est pas non plus parfaite, surtout pour les travailleurs les moins qualifiés, alors qu'elle est indispensable dans les modèles théoriques pour permettre une organisation optimale par le marché. La mobilité du capital est beaucoup plus élevée que celle du travail. De même, il n'est pas possible d'entrer et de sortir librement de tous les marchés sans surcoût, il suffit de voir les investissements nécessaires pour construire une ligne de chemin de fer. Il s'agit pourtant d'une condition très importante de leur bon fonctionnement. L'accès au marché est restreint par l'existence de barrières à l'entrée qui peuvent entraver la diversification de l'offre et l'accroissement du degré de concurrence en limitant ou en supprimant les possibilités d'entrée de nouveaux offreurs. Les barrières à l'entrée sont très diverses. Elles peuvent d'abord résulter de mesures réglementaires justifiées par la nature du marché (numerus clausus des professions médicales et pharmaciens) ou non (protections tarifaires ou non tarifaires contre la concurrence étrangère). Elles peuvent également apparaître spontanément et être liées aux caractéristiques spécifiques du marché. Ainsi, dans certains secteurs, la forte intensité capitalistique (industrie lourde, industries de réseaux) et technologique (aéronautique) élève le ticket d'entrée sur le marché à un niveau qui réduit le nombre des nouveaux concurrents potentiels, leur probabilité effective d'entrée sur le marché et leurs perspectives de maintien durable sur celui-ci.

Sur les marchés, l'information n'est pas non plus parfaitement transparente et les asymétries d'informations entre les agents sont nombreuses. Le manque d'information est même souvent le plus gros frein à la prise de décision économique (« Pouvons-nous prêter sans trop de risque à cette entreprise ? » « Ce salarié sera-t-il assez performant à la fin de sa période d'essai ? »). La nature complexe des objets échangés sur certains marchés crée des asymétries d'information fortes. Dans ces cas de figure, l'une des parties à la transaction dispose d'une information plus complète et plus fiable que l'autre. Le plus souvent, l'asymétrie d'information favorise l'offreur. Ce dernier connaît en effet par construction l'ensemble des caractéristiques de l'objet échangé alors que ces informations ne sont pas accessibles du côté de la demande. Lorsqu'il existe une telle asymétrie d'information, les équilibres concurrentiels ne sont plus des optimums, car un des agents dégage de cette situation une véritable rente informationnelle.

Pour l'ensemble de ces raisons, l'équilibre de marché est souvent sous-optimal. En clair : on pourrait faire mieux, c'est-à-dire répartir les richesses d'une manière qui augmente davantage le bien-être de la population. Cela ouvre la voie à une forme d'intervention publique.

LES DÉFAILLANCES DU MARCHÉ

Le deuxième obstacle auquel fait face le marché, ce sont ses propres défaillances. On a mentionné à l'instant les asymétries d'information qui font que presque aucun marché ne peut fonctionner sans régulation publique pour éviter son dysfonctionnement ou pour éviter que certains agents ne bénéficient de rentes liées à leur meilleure connaissance du marché. Dans le domaine de la santé, on pense par exemple au docteur Knock de Jules Romains, interprété deux fois au cinéma par Louis Jouvet, qui pratique allègrement la médecine comme un commerce.

Il faut aussi mentionner les biens publics, que le marché est incapable de fournir en quantités suffisantes. C'est le cas de beaucoup de services publics :

leur consommation par un agent n'empêche pas leur consommation par un autre agent et on ne peut pas limiter leur accès. On pense ainsi à la défense nationale, à la stabilité financière, à la santé publique. La liste est longue. Les économistes parlent de « biens publics » ou de « biens collectifs » pour désigner certaines catégories de biens et services que le marché produit mal, comme l'a montré Paul Samuelson, prix Nobel d'économie[6] en 1970. Ces biens ont deux caractéristiques qui sont la non-rivalité et la non-exclusivité.

La non-rivalité signifie que la consommation d'un bien de ce type par un individu n'empêche pas sa consommation par un autre individu. Un bien qui est seulement non rival peut être qualifié de « bien de club », selon la belle formule de James Buchanan, prix Nobel d'économie en 1986[7]. Par exemple, votre abonnement à Netflix n'empêche pas votre voisin de profiter du même service dans les exactes mêmes conditions, à un coût marginal presque nul pour la plateforme. Il en va de même de votre ticket pour une séance de cinéma ou de votre abonnement au télépéage.

6. Prix de la Banque de Suède en sciences économiques en mémoire d'Alfred Nobel, géré par la fondation Nobel selon les mêmes règles que les autres prix et décerné par l'Académie royale des sciences de Suède.

7. Buchanan J. M. (1965), « An Economic Theory of Clubs ». *Economica*, 32 (125).

Le point commun de ces exemples est qu'il est possible d'instaurer une barrière à l'entrée pour rendre le service payant, qui est d'ailleurs matériellement bien visible en ce qui concerne l'accès à l'autoroute.

Cela rend ces services finançables par le marché sans trop de difficultés. Il s'agit juste de bien fixer le prix, qui a ceci de particulier que le coût de fabrication d'une unité supplémentaire du bien est proche de zéro : un nouvel abonnement à Netflix ou une voiture de plus sur l'autoroute ne coûtent presque rien aux opérateurs. Le prix doit donc rester suffisamment attractif pour les consommateurs, sinon ils prendront la route nationale ou seront tentés de télécharger illégalement leur film. Mais il doit aussi couvrir l'ensemble des coûts fixes très élevés que supporte l'entreprise : un spectateur en plus dans la salle de cinéma ne coûte presque rien, mais le film a coûté très cher à produire, son prix ne peut donc pas être nul. C'est d'ailleurs loin d'être le cas.

Le caractère « non rival » d'un bien peut toutefois dépendre d'effets de congestion ou de saturation. Par exemple, un jour de départ en vacances, il peut y avoir de vraies rivalités pour entrer sur l'autoroute.

Les biens publics ont également une deuxième caractéristique : ils sont « non exclusifs ». Cela signifie qu'on ne peut pas empêcher leur consommation par une barrière. Ainsi les ressources biologiques de la mer, lorsqu'elles se trouvent dans les eaux internationales, sont bien rivales, en revanche elles sont non exclusives. Si je pêche un poisson, il n'est plus disponible pour les autres bateaux. En revanche, il est impossible de m'empêcher de le pêcher. C'est aussi l'exemple d'un pâturage en haute montagne. Tout le monde peut y accéder mais si j'y emmène mon troupeau, le berger suivant pourra nettement moins en faire profiter le sien.

Les biens dotés de cette seule caractéristique sont qualifiés de « biens communs », selon le mot d'Elinor Ostrom, prix Nobel d'économie en 2009. Le caractère non exclusif dépend toutefois des possibilités techniques ou juridiques, voire politiques, d'introduire un contrôle de la consommation. La difficulté concernant ces biens est que sans action des autorités publiques, ou d'une structure rassemblant toutes les parties prenantes comme une fédération professionnelle, ils sont purement et simplement condamnés à disparaître. C'est la raison pour laquelle l'écologue américain Garrett Hardin a évoqué la « tragédie des communs » pour désigner les biens communs de l'humanité, dont la quantité est bien limitée, mais dont il est impossible ou très difficile de réguler la consommation.

Plus largement, les biens publics recouvrent les caractéristiques des biens de club et des biens communs. Ils sont non rivaux et non exclusifs. Leur consommation par un agent ne change rien aux quantités disponibles pour un autre agent et il est impossible d'en empêcher la consommation. Dans ces conditions, aucun acteur économique n'acceptera de les produire. En effet, du fait de ces caractéristiques, les consommateurs développent rationnellement des stratégies de passager clandestin et ne dévoilent pas leur véritable consentement à payer : ils peuvent bénéficier d'une amélioration de leur bien-être sans en supporter le coût.

En réalité, les biens publics désignent bien souvent des services. Il en va par exemple ainsi de la Défense nationale, quel que soit le jugement moral qu'on peut par ailleurs porter sur cette activité. Tous les individus présents en France, qu'ils soient citoyens français, hommes d'affaires étrangers ou touristes, bénéficient de cette protection. Elle est donc non rivale : le fait qu'un individu tire des bénéfices de la sécurité dont il dispose n'empêche pas tous les autres individus de bénéficier de cette sécurité dans les mêmes conditions. La Défense nationale est également non exclusive : on ne peut pas retirer à un individu le bénéfice de cette protection au motif qu'il n'aurait pas payé ses impôts. Il en va également ainsi de la santé publique, de la qualité de l'air et de nombreux autres services publics. En effet, lorsque l'on identifie un bien public, on peut souvent conclure à la nécessité de l'intervention de l'État ou du moins d'un organisme qui rassemble toutes les parties prenantes.

À côté des biens publics, le marché produit aussi de multiples effets externes, c'est-à-dire que chaque action de production ou de consommation produit en général des effets qui ne sont pris en compte par personne. On parle ici, par exemple, de l'usine qui déverse des produits toxiques dans une rivière, mais aussi de l'étudiant qui, en développant ses connaissances pour travailler demain, participe à la transmission du savoir et soutient la croissance de long terme. Là encore, l'action de l'État est nécessaire pour sanctionner les comportements nuisibles et valoriser les comportements vertueux que le marché ignore parce qu'ils sont trop complexes, de trop long terme ou trop incertains.

Les externalités peuvent être négatives si elles ont pour effet de diminuer le profit ou l'utilité de l'agent qui les subit ou positives dans le cas contraire. Par exemple, pour les industries de réseau comme les télécommunications, les effets de club génèrent une externalité positive (il est plus intéressant d'avoir un téléphone quand il y a beaucoup d'abonnés), et les congestions une externalité négative. Lorsqu'existent des externalités, les équilibres concurrentiels ne sont plus des optimums de Pareto. Afin d'obtenir de nouveau un optimum, il convient d'internaliser l'externalité, c'est-à-dire d'intervenir sur le marché pour que les agents prennent en compte l'externalité dans leur comportement. Au fil des chapitres, nous reviendrons souvent sur cette défaillance du marché et sur les manières d'y remédier, généralement grâce à l'intervention de la puissance publique.

ÉQUITÉ ET REDISTRIBUTION

Enfin, le marché rencontre un troisième grand obstacle : il ne connaît pas la notion de redistribution. Un marché peut être à l'équilibre et son fonctionnement être optimal sans rien nous dire de son équité. Chaque société a ses propres critères de justice sociale. Le second théorème du bien-être, résultat fondamental de la théorie de l'équilibre général telle que formulée par Kenneth Arrow et Gérard Debreu, nous apprend que tout optimum de Pareto peut être obtenu comme équilibre concurrentiel après réallocation des dotations initiales. Cela signifie qu'en agissant *ex-ante* sur les richesses des individus, il est théoriquement possible de concilier efficacité et équité. C'est ce résultat qui justifie à lui seul l'existence d'un impôt sur le revenu. Cette équité peut être, si on le souhaite, une égalité parfaite ; il existe théoriquement une infinité de critères de justice sociale.

Dans les faits, il est impossible de concilier parfaitement équité et efficacité. Puisque l'État ne peut pas prédire les caractéristiques et les préférences de chaque individu, la redistribution entraîne nécessairement une perte sèche liée à la taxation du marché. C'est cet arbitrage entre efficacité et équité qui est désormais la grande affaire de la politique. On y reviendra plus longuement dans le chapitre dédié aux prélèvements obligatoires[8]. Nul ne peut toutefois contester que les problèmes d'équité nécessitent pour y remédier une forme d'intervention publique, même minimale.

LE MARCHÉ CONTRE L'ÉTAT ?

En réalité, nous venons de le voir, le marché n'est pas grand-chose sans l'État. C'est l'État qui permet son fonctionnement, qui palie ses défaillances et qui organise la redistribution des richesses en fonction de critères de justice sociale donnés. Si l'État n'intervenait pas pour permettre une concurrence saine, financer les biens publics, limiter le jeu des effets externes, le marché ne parviendrait pas à s'organiser de lui-même de manière suffisamment efficace pour créer du bien-être.

Pour autant, cela ne signifie pas que l'État peut tout et doit se substituer en tout temps et en tout lieu au libre jeu du marché. En effet, les défaillances du choix collectif sont malheureusement évidentes : il est très difficile de faire concorder

8. Voir chapitre 13 sur les prélèvements obligatoires.

parfaitement préférences individuelles et décision collective. De même, les défaillances de l'État sont nombreuses, tant les groupes d'influence et la motivation des hommes politiques échappent à la perfection qu'imaginaient les philosophes des Lumières. L'incohérence temporelle des politiques publiques n'est plus à démontrer ; l'État est capable d'annoncer quelque chose puis de faire le contraire, d'instaurer un dispositif puis de le supprimer sans même l'avoir évalué, ou encore de mettre en place une politique puis d'être incapable de la supprimer tout en connaissant parfaitement son inefficacité. De surcroît, l'État ne dispose que d'informations imparfaites sur le fonctionnement de l'économie et même sur son propre territoire du fait de sa centralisation, phénomène inhérent à toute grande organisation. Il n'a ni une vision parfaite des besoins de chaque individu ni une capacité d'action instantanée. Bref, il n'a pas toutes ces qualités magiques que certains voudraient lui prêter.

Ainsi, ni le marché ni l'État ne sont parfaits. Aucun ne peut par enchantement construire la société idéale que chacun appelle de ses vœux. Faut-il pour autant leur tourner le dos ? Cela semble difficile, sauf à découvrir un modèle nouveau. Ce modèle serait différent de l'État (l'action unilatérale après la décision collective) et du marché (les contrats entre individus). Dans un cas, on discute avant d'agir collectivement ;

dans l'autre, on discute tout en agissant individuellement. Admettons que, selon les situations, nous avons besoin de ces deux formes d'action.

Il nous faut faire le constat qu'aucun des deux modèles n'est intrinsèquement parfait, mais qu'ils sont tous les deux utiles car ils nous aident à prendre les bonnes décisions en fonction de nos préférences collectives. La supériorité de l'équilibre de marché est le plus souvent théorique ; les marchés ont besoin de l'État pour fonctionner efficacement et équitablement. La vision mécaniste d'une volonté générale parfaitement mise en œuvre par l'État est tout aussi théorique : les échanges décentralisés entre individus sont souvent bien plus efficaces qu'une action unilatérale, aboutissement d'une procédure complexe.

Certains ont voulu jouer l'État contre le marché, alors que ces deux modes d'organisation de la production et de la consommation se complètent. Le marché est décentralisé, satisfait mieux les agents économiques mais est souvent défaillant. C'est là que l'État intervient. Au-delà, l'unicité des termes (« l'État », « le marché ») souligne les fantasmes qui les entourent. Il n'y a pas un seul marché, il y en a une infinité. Il y en a – littéralement – autant que de besoins. Il n'y a pas un seul État, nécessairement Léviathan, mais une pluralité d'acteurs publics qui se comprennent autant qu'ils s'opposent. De notre compréhension de cette complexité naîtra une société plus juste et qui améliora demain mieux qu'aujourd'hui le bien-être des individus.

De ce fragile équilibre entre État, société et économie dépend ce que peuvent effectivement les services publics. Ils ne sont pas une recette miracle, ils n'ont pas vocation à se substituer à des acteurs préexistants : associations, industriels, commerçants de proximité, etc. Tous ces agents économiques ont un rôle à jouer et lorsqu'ils le font bien, il n'y a pas de raison d'intervenir. Pour autant, les dernières pages ont permis de rappeler que les économistes ont identifié de très bonnes raisons pour l'État de construire des services publics, en réglementant ou en agissant directement. Ces raisons d'intervenir forment un potentiel, mais aussi des limites. On tâchera désormais d'avancer en équilibre.

Chapitre 3
Mais qui est Théodule ?

Parmi les structures publiques, certaines symbolisent le rapport parfois complexe des Français à leurs services publics. Il en va ainsi des organismes consultatifs en tous genre. En effet, les acteurs publics, au premier rang desquels le gouvernement, sont tour à tour accusés de décider trop unilatéralement ou au contraire de ne pas savoir décider et de s'enfermer dans des procédures toujours trop complexes en multipliant les consultations. Pour éviter le premier reproche, les administrations publiques ont donc pris soin, au fil des années, de s'entourer d'organismes représentant le point de vue des différents secteurs d'activité, des principales parties prenantes, le consensus scientifique sur tel ou tel sujet ou encore la diversité de la société. Pour éviter le second reproche, ces mêmes administrations annoncent également, au fil des plans de simplification, des fusions voire des suppressions parmi ces organismes. En même temps qu'indispensables aux yeux de certains, ces mêmes structures sont en effet vues comme inutiles et coûteuses aux yeux des autres. Qu'en est-il vraiment ?

Au fond, du point de vue de leurs détracteurs, les organismes consultatifs sont même l'incarnation de cette administration coûteuse et inefficace. C'est ainsi que le général de Gaulle, président de la République de 1959 à 1969, avait eu cette formule : « L'essentiel pour moi, ce n'est pas ce que peuvent penser le comité Gustave, le comité Théodule ou le comité Hippolyte, c'est ce que veut le pays. J'ai conscience de l'avoir discerné depuis vingt-cinq ans. Je suis résolu, puisque j'en ai encore la force, à continuer de le faire[1]. »

Pourtant, malgré la volonté gaullienne, il n'est pas difficile de constater que ces « comités Théodule » ont fait florès. En 2024, la France en comptait 317, dont les avis et rapports alimentent durablement l'action gouvernementale[2]. Ces comités peuvent avoir des rôles variés et, sur le temps long, la tendance est à l'augmentation. Ainsi,

1. De Gaulle C. (1963), *Discours à Orange*, INA.

2. Annexe au projet de loi de finances pour 2025, Liste des commissions et instances consultatives ou délibératives placées directement auprès du Premier ministre ou des ministres.

depuis 1997, année où il est devenu obligatoire de les compter, leur nombre a nettement augmenté. C'est donc qu'ils servent à quelque chose, au moins à court terme et d'une manière ou d'une autre, à l'action gouvernementale. Les uns les perçoivent comme une valeur ajoutée à l'action publique, en ce qu'ils l'enrichissent d'expériences extérieures. Les autres les perçoivent au mieux comme une manière de ralentir la prise de décision et de mettre en scène la consultation, au pire comme une manière de repousser *sine die* des décisions politiques trop difficiles. Sous la présidence d'Emmanuel Macron, débutée en 2017, la consultation publique s'est renouvelée avec la création de conventions citoyennes sur le climat (2019-2020) ou sur la fin de vie (2022-2023), organisées sous l'égide du conseil économique, social et environnemental (CESE), témoignant de la nécessité d'ouvrir toujours davantage la fabrique de la loi. Quoi qu'il en soit, les organismes consultatifs sont donc une arme à double tranchant pour la gouvernance : sont-ils un gage d'efficacité ou bien, au contraire, une source de complexité et de gaspillage d'argent public ?

Construire un débat public fondé sur des faits

La notion d'organisme consultatif n'est pas juridique. Il s'agit d'un concept fonctionnel qui rassemble autour de la même définition des réalités très différentes. Certains organismes produisent des rapports ou des notes d'analyses qu'ils rendent publics sur leur site internet, à l'image du conseil d'analyse économique (CAE). D'autres peuvent être saisis de demandes d'avis plus formels par l'administration ; se passer de cet avis ou l'obtenir dans des conditions irrégulières peut conduire à l'annulation de la procédure[3]. Des groupes de travail ou des commissions consultatives peuvent être instaurés par une simple lettre de mission ou une circulaire. Ces organismes ne produisent que des rapports ou des avis à une autorité publique, en général dans le cadre de travaux préparatoires à une réforme. L'article 112 de la loi de finances pour 1996 fait obligation au gouvernement de présenter chaque année au Parlement, en annexe au projet de loi de finances initiale, la liste des commissions et instances consultatives ou délibératives placées directement auprès du Premier ministre et des ministres. Ce document n'est donc pas exhaustif mais permet de dresser un premier panorama.

Ces structures peuvent être utilisées à des fins politiques par le gouvernement d'un grand nombre de manières. Créer un organisme consultatif permet de répondre à un besoin d'un acteur politique, qu'il s'agisse d'un groupe de pression, d'un électorat en particulier ou d'entreprises – et donc

3. CE, Ass., 23 décembre 2011, *Danthony*, n° 335033.

de gagner du temps et de reprendre la main sur le calendrier médiatique et politique. Procéder ainsi permet d'éviter de prendre des décisions dans la précipitation. Les procédures d'avis consultatifs et les demandes de rapport sont également un moyen pour le gouvernement de prendre la main sur une thématique précise. Par exemple, la fameuse « loi travail » adoptée sous le quinquennat de François Hollande (2012-2017) a fait l'objet de sept rapports et avis principaux, sans compter les rapports présentés par des partenaires sociaux ou conduits par des *think tanks*[4]. Dans ce cas précis, les procédures consultatives n'auront toutefois pas permis à elles seules d'assurer au Gouvernement un succès politique, mais auront permis de construire un minimum de consensus autour de dispositions plus techniques.

Au demeurant, ces organismes permettent d'animer le débat public en l'orientant vers les

4. Rapport du groupe de travail « Aptitude et médecine du travail » coordonné par l'inspection générale des affaires sociales (IGAS), rapport « La négociation collective, le travail et l'emploi » de Jean-Denis Combrexelle, rapport « Transformation numérique et vie au travail » de Bruno Mettling, rapport de France Stratégie sur le compte personnel d'activité (CPA), rapport de Jean-François Cesaro sur la dynamisation de la négociation collective, rapport du comité chargé de définir les principes essentiels du droit du travail remis par Robert Badinter au Premier ministre, avis du CESE sur le développement de la culture du dialogue social en France.

thèmes à enjeux. Ainsi, le Haut Conseil à l'égalité entre les femmes et les hommes (HCEFH) a été créé par décret du président de la République en janvier 2013, car il s'agissait d'une des priorités du quinquennat. Selon le décret de création du Haut Conseil, ce dernier « a pour mission d'assurer la concertation avec la société civile et d'animer le débat public sur les grandes orientations de la politique des droits des femmes et de l'égalité ». Ses missions ont été renforcées en 2017, au début du quinquennat suivant, signe que le sujet restait une priorité d'action publique. Pour autant, la multiplication d'organismes de ce type pose question et ce débat est ancien. La France va « se ruiner en de si beaux rapports, et disserter au lieu d'agir[5] », dit un employé de bureau dans l'un des romans de Balzac. Plus récemment, Jean-Marc Sauvé, vice-président du Conseil d'État, rappelait que « L'administration consultative est […] lourde et complexe. Elle a été longtemps hypertrophiée, au point que l'on n'a pas su tout simplement dénombrer les commissions et organes consultatifs existant au niveau de l'État. Elle est également source de complications procédurales et facteur de ralentissement de la prise de décision[6]. »

---

5. Balzac (de) H. (1838), *Les Employés*, Gallimard, édition de 2009.

6. Sauvé J-M. (2012), Intervention du vice-président du Conseil d'État lors du colloque du Conseil d'État sur le rapport public 2011.

De la qualité de la gouvernance publique

L'utilité réelle de certaines commissions consultatives est malheureusement modeste dans la durée, tandis que leurs inconvénients ne doivent pas être sous-estimés : dilution des responsabilités qui peut en résulter, temps qu'elles prennent à ceux qui y participent, délais supplémentaires qu'elles induisent dans le processus de décision, risque d'illégalité de cette dernière si la consultation n'a pas été conduite régulièrement. Si les comités consultatifs ont été initialement introduits pour améliorer la qualité de la prise de décision et organiser la consultation des usagers et des spécialistes (professeurs, praticiens et associations représentatives par exemple), il semblerait que leur création procède parfois d'une logique différente. Il s'agit désormais de répondre à un problème public par la création d'un organisme consultatif. Celui-ci n'est donc plus un moyen permettant d'élaborer une politique publique, il devient une partie de la politique publique. Ainsi selon le mot de Georges Clemenceau (1841-1929) : « Quand on veut enterrer une décision, on crée une commission. » Concrètement, cela se traduit par le fait que les organismes consultatifs portent désormais sur des sujets de plus en plus précis pour témoigner d'une prise en charge spécifique de chaque problème public, ou perçu comme tel par un électorat donné. Autrement dit, il ne s'agit plus nécessairement de collecter de l'information pour nourrir une politique, mais de mettre en scène l'action publique. Le Conseil d'État, dans son étude annuelle de 2011, résumait ce double mouvement : « L'administration consulte parce qu'elle ne sait pas et [...] elle consulte aussi parce qu'elle veut faire savoir[7]. »

Ce phénomène s'est traduit par une augmentation non maîtrisée du nombre d'organismes consultatifs créés. En effet, la comparaison du nombre de comités consultatifs comptabilisés par les projets de lois de finances pour 1997[8] et 2025 permet d'établir ministère par ministère une tendance à la création d'organismes consultatifs durant les années 2000, même si certains ministères sont parvenus à freiner cette hausse. Il existait 309 commissions en 1996, et leur nombre a augmenté jusqu'à atteindre un pic de 799 en 2008. Depuis cette date, une nette baisse a toutefois été engagée.

7. Conseil d'État (2011), section du rapport et des études, *Consulter autrement, participer effectivement.*

8. Annexe au projet de loi de finances pour 1997, liste des commissions et instances consultatives ou délibératives placées directement auprès du Premier ministre ou des ministres.

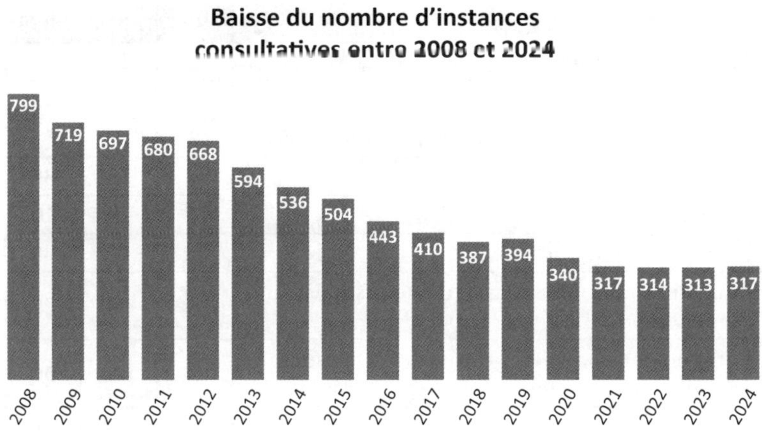

Source : *annexes au projet de loi de finances de 2009 à 2025.*

Ces fluctuations reflètent les priorités des politiques publiques. Par exemple, le nombre de commissions traitant des questions de transition écologique au sens large (transport, énergie, environnement, etc.) est passé de vingt en 1996 à cent en 2015 avant d'être rationalisé à cinquante-neuf en 2024. De même, les commissions rattachées au ministère de l'Intérieur ont progressé de dix-huit dans les années 1990 à plus de trente dans les années 2010, avant d'atterrir autour d'une vingtaine.

	1996	2015	2024
Affaires étrangères	9	10	7
Agriculture	–	29	19
Aménagement du territoire, ville et intégration	2	1	–
Culture	–	55	36
Armées	38	19	10
Économie et finances	72	76	38
Éducation nationale, enseignement supérieur et recherche	8	20	29
Équipement, logement, transport, tourisme, énergie, environnement	20	100	59
Fonction publique	–	12	5
Intérieur et décentralisation	18	32	22
Jeunesse et sports	17	11	7
Justice	27	20	9
Outre-mer	–	4	1
Premier ministre	48	34	31
Travail, santé, solidarités	50	81	44
TOTAL	**309**	**504**	**317**

Source : *annexes au projet de loi de finances de 2009 à 2025.*

Par leur nombre et leurs différents modes de saisine et de délibération, ces organismes consultatifs ralentissent l'action du gouvernement. La diffusion d'informations confidentielles à ces organismes pour leur permettre de délibérer accroît également le risque de fuite de ces informations auprès de tiers. Au demeurant, en diluant l'expertise et en la rattachant à l'exécutif, le Parlement se prive de compétences qu'il pourrait utilement solliciter dans ses missions d'évaluation des politiques publiques.

Vers une pratique toujours plus rationalisée

Pour 2024, l'ensemble de ces comités voient leur coût évalué à 103,5 millions d'euros dans le projet de loi de finances pour 2025, soit un coût annuel d'environ 300 000 euros par comité, lequel couvre les frais de secrétariat, de réunion et de missions des membres. En réalité, cette moyenne recouvre une réalité très hétérogène. Certains comités se limitent à de simples réunions de quelques experts et ne coûtent donc que quelques centaines d'euros par an, quand d'autres disposent de locaux, de salariés et communiquent abondamment, ce qui implique un budget supérieur au million d'euros annuel. Ces montants sont certes élevés par rapport au mode de vie d'un ménage, mais à l'échelle du budget de l'État ils ne méritent assurément pas le bruit médiatique et politique dont ils font l'objet.

Afin de rationaliser l'usage fait par l'administration des organismes consultatifs, le Premier ministre Édouard Philippe a adopté une circulaire portant réduction du nombre des commissions consultatives[9]. Elle pose les fondements d'une véritable politique de la consultation. Cette politique peut être déclinée en quatre axes :

– l'organisation de la consultation doit être conçue à l'échelle de chaque ministère et non à

9. Circulaire du 24 octobre 2017 relative à la modernisation des procédures de consultation préalable et réduction du nombre des commissions consultatives.

l'échelle des directions ou des services. Chaque ministère doit connaître précisément le nombre d'organismes consultatifs qui lui sont rattachés et établir une stratégie de consultation ;

– les commissions instaurées par décret le sont pour une période maximale de cinq ans[10] et tout renouvellement doit faire l'objet d'une étude. Chaque organisme créé devra s'accompagner de la suppression simultanée d'un autre organisme ;

– les commissions administratives qui n'ont pas tenu de réunions au cours des deux dernières années sont supprimées.

Ces règles ne s'appliquent pas aux commissions créées par le Parlement. Pour ce faire, il faudrait engager une révision de la Constitution, ce qui apparaît disproportionné par rapport aux enjeux financiers et organisationnels.

À défaut de s'attaquer efficacement au nombre d'organismes consultatifs, il pourrait être envisagé de rassembler l'ensemble des moyens qui leur sont alloués au sein d'une seule structure rattachée au Premier ministre, afin de mieux les contrôler. Il pourrait également être fait – dans ce cadre – un usage systématique et facilité des organismes consultatifs temporaires. Ainsi les organismes consultatifs pourraient être simplement constitués de leurs

---

10. Conformément à l'article L. 133-2 du code des relations entre le public et l'administration.

membres. L'ensemble de l'aspect technique et la communication serait pris en charge par ce secrétariat général unique, dont l'équipe de rapporteurs permettrait de prendre en charge la préparation de l'ensemble des notes et avis attendus de ces comités consultatifs. Le gain tant en termes d'efficacité administrative que de bonne gestion des finances publiques serait alors à évaluer. Il ne peut toutefois qu'être positif, en particulier si les équipes de rapporteurs sont mutualisées et réduites.

Néanmoins, il n'est pas possible d'écarter d'un revers de main les organismes consultatifs. Ces fameux comités Théodule ne méritent décidément pas le jugement moqueur qui leur est parfois réservé. Certes, ils compliquent la prise de décision et pèsent quelque peu sur les finances publiques. Toutefois, beaucoup d'entre eux nourrissent l'action publique en données, idées et propositions. Dès lors, ils améliorent la gouvernance publique, en favorisant la construction d'un débat public qui repose sur des faits, et renforcent la contribution de la société civile. L'utilisation de ces organismes consultatifs ne saurait toutefois peser outre mesure sur l'exigence de bonne administration et sur l'équilibre des finances publiques. Pour ces raisons, les Premiers ministres successifs engagent fréquemment des vagues de rationalisation, sous le regard toujours vigilant des commentateurs, qui y voient un symbole. Une preuve de plus que les symboles comptent.

Chapitre 4
Situation de la France

Au-delà des symboles, des incompréhensions ou des tensions liées à l'actualité qui entourent les services publics, c'est la situation économique et financière de la France qui détermine véritablement sa capacité à financer et développer un haut niveau de service rendu au public. Si des marges de manœuvre existent et que des débats peuvent avoir lieu, il convient d'abord d'identifier certaines tendances macroéconomiques (croissance, chômage, etc.) et financières (dette publique, taux d'intérêt, etc.) qui définissent la réalité de notre champ d'action. On les abordera successivement, avant d'identifier les leviers à actionner. Si l'analyse peut être technique, la décision relève ensuite de choix politiques : il appartient au gouvernement de présenter aux institutions européennes et au Parlement une trajectoire d'équilibre.

TENDANCES MACROÉCONOMIQUES

Notre capacité à financer nos services publics est étroitement liée à notre capacité collective à créer des richesses, puisque c'est un prélèvement sur ces richesses – l'impôt – qui permet ce financement. C'est la raison pour laquelle les administrations publiques suivent avec attention le niveau d'activité dans une économie (production, création d'emplois, etc.) et la fameuse croissance économique, c'est-à-dire la variation de la production de biens et de services, mesurée sur une période donnée, en général un an. En cas de croissance économique, les recettes fiscales augmenteront naturellement. En revanche, en cas de récession, elles baisseront. Selon les choix publics effectués, il peut être nécessaire d'augmenter les prélèvements, pour financer un nouveau service ou améliorer son fonctionnement, ou au contraire de les baisser, pour donner de nouvelles marges de manœuvre aux ménages et aux entreprises et soutenir l'activité. En fonction des projections macroéconomiques, le gouvernement pourra décider l'une ou l'autre solution. Pour ce faire, les administrations suivent avec attention le rapport entre les prélèvements obligatoires et le produit intérieur brut (PIB), agrégat correspondant à la valeur brute créée sur le territoire national durant une année donnée.

Durant les quarante dernières années, la croissance de l'économie française a permis d'absorber partiellement les besoins de financement des services publics et en particulier de la protection sociale, qui ont eux aussi augmenté. Jusqu'aux années 1970, la croissance économique française a ainsi atteint des pics autour de 8 % par an (1950, 1960, 1969) sans jamais descendre vraiment en dessous de 3 % (plus bas à 2,8 % en 1958). Dans les années 1970 et 1980, la croissance a évolué dans un couloir compris entre 6,2 % en 1970 et 2,9 % en 1990, avec une tendance baissière (et un creux en 1975 à – 0,9 %). Depuis cette date, hors récessions de 1993, 2008 et 2020, la croissance évolue désormais entre un niveau proche de zéro et un maximum de 4,1 % atteint à l'an 2000. Depuis la crise de 2008, la croissance n'a pas dépassé les 2,1 %. Ce ralentissement durable de l'activité a eu des conséquences sur l'activité, la plus marquante d'entre elles étant la lente augmentation du chômage, qui s'établissait à 7,1 % en France métropolitaine à la fin de l'année 2024, après avoir connu un pic à 10,2 % en 2015, alors qu'il ne dépassait pas les 4 % jusqu'au premier choc pétrolier en 1973. Ainsi, notre pays compte aujourd'hui quelque 2,3 millions de chômeurs, contre 834 000 en 1975, selon l'Insee. Outre la perte de bien-être pour les individus concernés, cette situation entraîne une perte de bien-être collective : c'est moins de richesse créée, moins de recettes fiscales et donc moins de marges de manœuvre pour le financement des services publics.

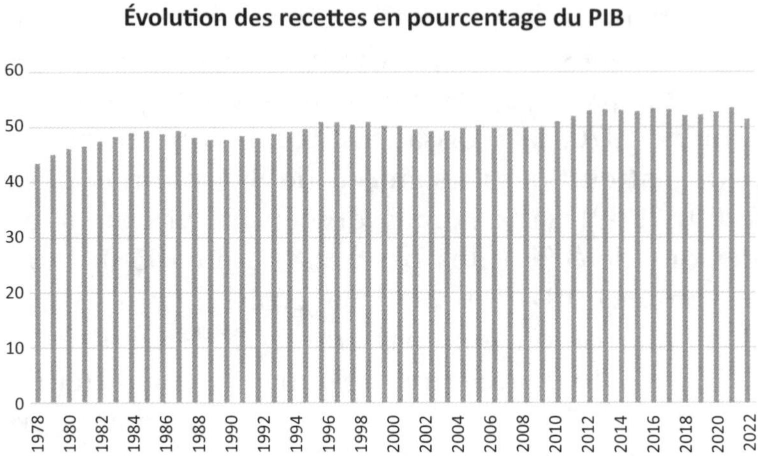

Source : *Insee, 2024.*

La situation actuelle est désormais caractérisée par un décalage entre une croissance qui ralentit durablement et des dépenses publiques qui n'ont pas cessé d'augmenter, alimentant la pression à l'augmentation des recettes. Celles-ci sont passées de 43,4 % du PIB en 1980 à un record de 53,7 % en 2022. Au sein du périmètre public, les recettes de l'État s'établissaient ainsi à un équivalent de 106,6 milliards d'euros en 1980 contre 489,3 milliards d'euros en 2023. Si une part de ces augmentations s'explique naturellement par le phénomène d'inflation, il ne les justifie pas totalement, d'autant que, entre 1999 et 2019, l'inflation est demeurée à un niveau modéré et stable de l'ordre de 1,7 % par an, en moyenne. Les gouvernements successifs se sont donc engagés sur cette période dans une double politique visant d'une part à soutenir l'activité et conduire des réformes pour rehausser les déterminants structurels d'une croissance de long terme, et d'autre part à stabiliser la progression des dépenses publiques, singulièrement en cette période de croissance faible.

Ce ralentissement, qui s'observe dans les autres économies avancées en Europe occidentale, s'établit dans un contexte international déséquilibré, c'est-à-dire que la France importe davantage de biens et de services qu'elle n'en exporte chaque année et détient moins d'actifs à l'étranger que les étrangers n'en détiennent en France. Ainsi, en 2023, le déficit des transactions courantes a atteint 28,1 milliards d'euros, ce qui a participé à renforcer notre endettement net vis-à-vis du reste du monde. En effet, la position extérieure nette de la France s'établit désormais à – 792,9 milliards d'euros, soit – 28,1 % du PIB[1]. En interne, notre territoire a également été frappé par une phase d'inflation, augmentation durable et généralisée des prix, de la fin de l'année 2021 à 2024, avec un pic à 5,2 % en 2022, toujours selon l'Insee. Or, l'inflation aboutit à des décisions d'investissement, de consommation ou d'épargne moins efficaces,

1. Banque de France (2024), Rapport de la balance des paiements et de la position extérieure de la France 2023.

fait progresser les inégalités et, à long terme, peut porter atteinte à la stabilité de la monnaie et donc au système économique dans son ensemble. Elle n'est malheureusement pas synonyme de retour à la croissance comme l'ont montré les périodes de stagflation des années 1970, qui ont combiné stagnation de la production, donc croissance faible, et inflation.

Cette tendance baissière de la croissance économique n'est cependant pas une fatalité, comme en témoignent les niveaux de croissance atteints aux États-Unis. Elle y était ainsi de 2,8 % en 2024 contre 0,8 % en zone euro à la même période[2]. En économie, comme dans la vie, il n'y a pas de malédiction. Pour parvenir à des niveaux équivalents en Europe, les investissements d'avenir à conduire dans les prochaines années nécessiteront de mobiliser des fonds nombreux : investir dans l'hôpital, dans l'éducation, dans notre sécurité collective, préserver notre modèle social et en particulier notre système de retraites, etc. Une baisse brutale de la dépense publique est donc illusoire et un monde sans croissance l'est tout autant, sauf à faire des concessions qui se traduiraient par une forte dégradation du niveau de bien-être collectif.

---

2. FMI (2024), Perspectives de l'économie mondiale.

Le retour de la croissance

Beaucoup a déjà été écrit sur les mesures à mettre en œuvre pour retrouver une prospérité partagée en Europe et assurer la pérennité et le développement de notre modèle. De manière synthétique, trois leviers sont actionnables : celui de la taille du marché auquel nous avons accès, celui de notre puissance financière et celui de la compétitivité des entreprises.

Le marché intérieur[3] de l'Union européenne est l'une des grandes réalisations économiques des trente dernières années. Si l'activité peut être soutenue à court terme par la politique budgétaire et la politique monétaire, ce soutien ne peut être que temporaire. Ainsi, la dépense publique doit avant tout être orientée vers les besoins prioritaires des services publics et, on le détaillera plus bas, ses marges de manœuvre sont désormais réduites. La politique monétaire, quant à elle, est avant tout concentrée sur sa cible d'inflation modérée et stable, pour préserver la valeur de la monnaie et le bon fonctionnement de l'économie. Dès lors, à moyen terme, c'est par des réformes de structure, qui visent à modifier l'organisation des échanges

3. Le marché commun européen est né avec le traité de Rome de 1957. Il devient marché unique en 1993 avec l'effectivité des quatre libertés. En 2009, tirant les conséquences de l'intégration européenne, il devient le marché intérieur.

pour les rendre plus efficaces, qu'il est possible de rehausser notre niveau de croissance potentielle, c'est-à-dire notre niveau de croissance en cas d'utilisation optimale des facteurs de production que sont le capital et le travail.

Enrico Letta, ancien Premier ministre italien, rappelle dans son rapport de 2024 le travail qui a été accompli depuis les années 1980 dans cette optique, pour harmoniser les réglementations, ouvrir les économies et favoriser la libre circulation des personnes, des biens, des services et des capitaux à l'échelle de l'Union, ce qu'on appelle les « quatre libertés »[4]. Pour les entreprises, la construction du marché intérieur a occasionné une baisse des coûts de production et une meilleure allocation des travailleurs et des capitaux. Cela s'est traduit par une augmentation du commerce intra-européen. Pour les consommateurs, le marché a favorisé une hausse du pouvoir d'achat, grâce à une augmentation de la concurrence, et une hausse de la diversité et de la qualité des produits proposés. Pour autant, Enrico Letta signale que ce marché peut encore être amélioré : les secteurs de la finance, de l'énergie ou encore des communications peuvent être mieux intégrés. En parallèle, des efforts devront être engagés

4. Letta E. (2024), *Much more than a market – Speed, security, solidarity : Empowering the single market to deliver a sustainable future and prosperity to all EU Citizens.*

pour renforcer la politique industrielle de l'Union européenne[5].

Ces réformes structurelles doivent en particulier être à l'œuvre pour augmenter notre puissance financière. L'Europe est un continent riche, pourtant les entreprises, singulièrement lorsqu'elles innovent, ont souvent besoin de financements étrangers pour assurer leur développement[6]. C'est évidemment un signe de notre attractivité, mais cela signale aussi que nombre d'entre elles peuvent rencontrer des difficultés de financement, sans nécessairement séduire les investisseurs internationaux. La Commission européenne travaille donc à un projet d'union pour l'épargne et l'investissement (UEI), qui comporterait notamment une harmonisation de la supervision des marchés de capitaux[7].

Pour renforcer la compétitivité européenne et donc soutenir l'activité, Mario Draghi, ancien président de la Banque centrale européenne, a préconisé trois grands axes d'action[8] : mettre l'accent sur

---

5. Conseil de l'Union européenne (2024), conclusions, « Une industrie européenne compétitive, moteur de notre avenir vert, numérique et résilient ».

6. Voir chapitre 10 sur les liens entre services publics et entreprises.

7. Von der Leyen U. (2024), Lettre de mission à la commissaire désignée pour les services financiers et l'union pour l'épargne et l'investissement.

8. Draghi M. (2024), A competitiveness strategy for Europe.

l'innovation, lier décarbonation et compétitivité et sécuriser nos approvisionnements. Plus en détail, l'intelligence artificielle, la transition écologique, l'autonomie stratégique du continent et la simplification administrative doivent faire l'objet de plans d'action prioritaires. C'est à ce prix que l'Europe retrouvera le chemin d'une croissance plus soutenue et assurera le bon financement de ses services publics.

UN CADRE FINANCIER CONTRAINT

Dans ce climat de croissance faible et de tensions sur les services publics, le recours à l'emprunt a été nettement mobilisé pour maintenir leur activité. Emprunter de l'argent n'est pas un problème en soi : ménages comme entreprises y ont fréquemment recours pour financer leurs besoins, qu'il s'agisse, par exemple, de construire une maison (crédit immobilier) ou d'acquérir un nouvel équipement (crédit-bail). Ainsi, la dette n'est pas un problème en elle-même, aussi longtemps qu'elle est utilisée pour investir dans l'avenir et qu'elle est soutenable, c'est-à-dire qu'elle reste supportable pour l'emprunteur. En d'autres termes, il s'agit d'aligner les maturités, c'est-à-dire financer des dépenses de long terme (comme la construction d'une infrastructure) avec des ressources de long terme (comme un emprunt) et financer les dépenses de court terme (comme les dépenses de fonctionnement) avec des ressources de court terme (comme un impôt).

Il s'agit ensuite d'être capable de piloter sa trésorerie pour faire face aux échéances de paiement à des taux acceptables. Examinons la situation de la dette publique française et les marges de manœuvre à notre disposition. En particulier, regardons ce qu'il est convenu d'appeler la dette « au sens de Maastricht », c'est-à-dire celle qui agrège l'ensemble des administrations publiques (administrations centrales, établissements publics, administrations publiques locales et administrations de sécurité sociale). C'est ce périmètre qui est retenu par les institutions européennes pour mesurer les engagements financiers bruts des États membres.

Dette des administrations publiques au sens de Maastricht en part du PIB

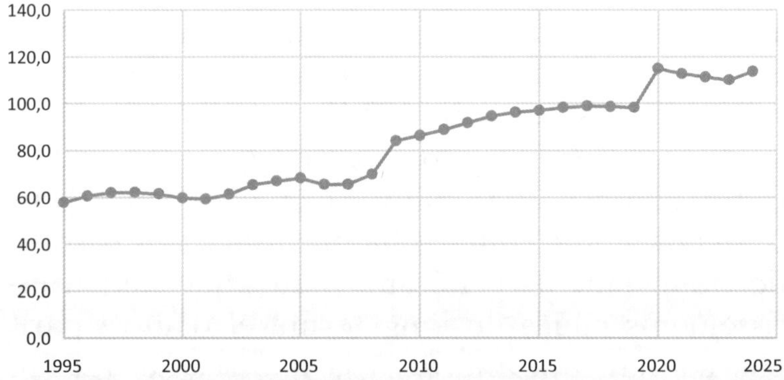

Source : *Insee, 28/02/2025.*

Un protocole associé au traité de Maastricht de 1992 prévoyait que les États membres de l'Union européenne maintiennent leur déficit public (flux) annuel sous la barre des 3 % du PIB et leur dette publique (stock) en dessous des 60 %. L'année 1997 est la dernière où la France respectera cette règle des 60 %, alors même que, la même année, le pacte de stabilité et de croissance (PSC) est adopté pour en assurer le respect après l'entrée en vigueur de l'euro. En effet, cette règle de discipline budgétaire collective vise à assurer la soutenabilité des dettes publiques, dans un contexte où l'introduction de l'euro se traduira par une amélioration des conditions de financement pour les États et donc par la tentation de s'endetter davantage sans en mesurer les risques de moyen terme. Depuis cette période, le stock de dette publique accumulé n'a cessé de croître, connaissant deux bonds majeurs – lors de la crise de 2008, puis lors de la pandémie de Covid-19 en 2020 –, mais surtout une tendance à l'augmentation. Depuis 2020, la dette publique française se stabilise autour de 110 % du PIB ; elle était ainsi de 113,7 % du PIB à la fin de l'année 2024. Cette dette n'est pas mauvaise en elle-même, mais d'une part, elle couvre chaque année nos besoins de financements généraux plutôt que des investissements ciblés de long terme et d'autre part, elle connaît une inertie à la hausse. Ce qui fait qu'à court terme la priorité des gouvernements successifs est plutôt de ralentir sa hausse que d'engager véritablement sa baisse.

Dans le contexte macroéconomique actuel, cette difficulté à stabiliser la dette publique peut légitimement générer des inquiétudes chez les épargnants, qui voient leur argent investi par les professionnels des marchés financiers. Cela se traduit notamment par des évaluations des agences de notation qui, si elles restent assez positives, tendent à se dégrader sur le temps long. Si cette dégradation s'accélérait, cela pourrait entraîner des difficultés de financement de la dette française, c'est-à-dire une augmentation du coût des intérêts, voire une baisse de la demande. Cela signifie qu'une part plus importante du budget de l'État devrait être consacrée à du remboursement d'intérêts plutôt qu'au financement des services publics.

Or, le coût de la dette publique est déjà très significatif. En 2024, la charge d'intérêts de la dette atteignait en France 50,9 milliards d'euros, c'est-à-dire presque le budget de l'Éducation nationale (55,1 milliards d'euros en 2024). C'est beaucoup d'argent public qui a été rendu aux investisseurs, alors qu'il aurait pu financer les services publics. Pour autant, il paraît difficile de faire autrement et de ne pas rembourser les investisseurs : c'est une question de confiance. Depuis 1797 et la banqueroute des deux tiers pendant la période révolutionnaire, la France a toujours remboursé jusqu'au dernier centime l'argent qui lui avait été prêté. Cette position est très précieuse. Ainsi, malgré les difficultés que nous pouvons rencontrer, la France est toujours perçue comme émettrice d'une dette de qualité et la demande ne tarit pas. Cela reste vrai aussi longtemps que nous respectons nos engagements vis-à-vis de nos créanciers. Il est donc nécessaire de mettre en œuvre un pilotage fin de la dette publique, en mobilisant tous les instruments à disposition.

Il est vrai qu'entre la crise de 2008 et la pandémie de Covid-19 de 2020, nous avions peut-être un peu regardé ailleurs en matière de dette publique, du fait des conditions de financement exceptionnelles permises par les taux très bas, voire négatifs, en Europe. Pour autant, face au retour de l'inflation à la fin de l'année 2021, la remontée des taux engagée par les banques centrales en Europe et aux États-Unis a dégradé les conditions de financement et les questions budgétaires sont redevenues plus urgentes.

Au demeurant, la France compte un problème supplémentaire par rapport aux autres États européens : elle n'a pas su maîtriser suffisamment ses comptes publics quand les autres ont engagé les efforts nécessaires. Au début des années 2000, France et Allemagne avaient un ratio de dette sur PIB équivalent de l'ordre de 60 %. Depuis cette période, le ratio allemand s'est dégradé de huit points, quand le ratio français s'est dégradé de cinquante-trois points. Certes, la crise des dettes souveraines en zone euro, de 2010 à 2012, a permis de nous doter d'un cadre budgétaire plus solide, mais les priorités de politiques économiques se sont ensuite plus naturellement tournées vers l'investissement et la résilience face aux crises. Désormais, tout est une question d'équilibre.

Vers des dépenses publiques plus sélectives

Entre croissance trop faible et marges de manœuvre financières limitées, il n'est pas aisé de tracer avec certitude l'avenir du financement des services publics. Cela d'autant plus que de nombreux engagements de rétablissement des comptes publics n'ont pas été pleinement respectés. Pourtant, des axes d'action existent. La priorité est de mieux maîtriser les dépenses de fonctionnement des administrations, qui représentent 475 milliards d'euros par an, soit 18 % du PIB. C'est moins que les dépenses de protection sociale, qui représentent une somme de l'ordre de 900 milliards d'euros, soit 34 % du PIB en 2022[9], mais elles constituent un gisement d'économies très significatif, compte tenu des marges de progrès organisationnelles et liées au numérique. Ainsi, depuis le milieu des

9. INSEE, compte des administrations publiques.

années 1990, les effectifs ont crû d'environ un million d'agents publics supplémentaires, soit une hausse de 23 %, supérieure à celle du secteur marchand, nettement portée par les collectivités territoriales, où la hausse est de 47 %[10]. Ces chiffres sont pénibles à lire quand on sait que, en parallèle, la satisfaction des usagers dans tant de secteurs de l'action publique tend à se dégrader. Des efforts doivent donc y être engagés pour mieux responsabiliser les dirigeants publics sur les moyens qu'ils mobilisent, renforcer la culture managériale et identifier les simplifications qui amélioreront la qualité du service à moindre coût[11].

Les décisions que nous évoquons ici ne sont assurément pas aisées. Elles nécessitent d'être prises en pleine lumière, et non dans les couloirs feutrés d'une administration, pour être expliquées et, souhaitons-le, comprises. Pierre Rosanvallon, dans son *Bon Gouvernement*, estimait dès 2015 que la colère d'une partie de nos concitoyens était due au fait que le vote ne suffit plus à légitimer démocratiquement une décision. En d'autres termes, nos élections sont démocratiques, mais

---

10. Cour des comptes (2022), La situation et les perspectives des finances publiques. Chiffre qui est retraité des transferts de compétences de l'État vers les collectivités territoriales.

11. Villeroy de Galhau F. (2023), « Gouvernance des dépenses et services publics : y a-t-il encore un espoir ? », conférence à l'académie des sciences morales et politiques.

notre mode de gouvernance ne l'est peut-être pas encore suffisamment. Prendre ces décisions pour l'avenir de nos services publics nécessite donc de progresser en matière de transparence, d'éthique de la responsabilité et de réactivité. Dans les pages qui suivent, nous allons tenter de dresser un panorama, inévitablement imparfait, politique publique par politique publique, des grandes dynamiques à l'œuvre pour tirer des constats et formuler des axes de progrès.

AU SERVICE DU PUBLIC

« L'État est une coopération de services publics organisés et contrôlés par les gouvernants. »

Léon Duguit, *Traité de droit constitutionnel*, 1928

Chapitre 5
L'éducation, au cœur du service public

En matière d'éducation, les services publics font face à trois obstacles difficilement franchissables, qui font de ce champ de l'action publique un terrain semé d'embûches pour qui s'y aventure.

Premier obstacle : tout le monde a une opinion à propos de l'éducation. Tout le monde a une expérience en tant qu'élève, voire en tant que parent d'élève. Nombreux sont ceux qui ont, à un moment de leur vie, enseigné ou dispensé une formation professionnelle. Ainsi chacun peut penser avoir un avis pertinent, ou tout du moins une opinion valable en matière d'éducation. À cela s'ajoute une charge émotionnelle et même symbolique souvent forte, tant l'émergence de politiques éducatives en France est associée au destin de la République dans le roman national. Cela rend la conversation incompréhensible, chacun risquant de confondre son vécu personnel avec les faits.

Deuxième obstacle : face à de nombreux problèmes publics, la réponse idéale (ou trop facile ?) apportée est l'éducation. Remédier à la délinquance ? L'éducation. Lutter contre les stéréotypes de genre ? L'école élémentaire. Favoriser une alimentation saine ? Le collège. Se préparer au permis de conduire ? Le lycée. Renouer avec les valeurs de la République ? C'est aussi le rôle de l'université. Le chômage des jeunes ? L'apprentissage en lycée professionnel. Dynamiser la vie associative ? C'est le rôle des enseignants entre les cours. Favoriser une pratique sportive ? Idem. Au demeurant, l'éducation nationale doit-elle former des citoyens, des futurs professionnels ou encore des intellectuels ? Certainement, tout cela à la fois. Bref, à leur mission initiale, les métiers de l'éducation et de l'enseignement, au sens large, se sont vu adosser de très nombreuses missions. En économie, on aime bien évoquer la règle de Tinbergen, selon laquelle un instrument de politique publique doit être associé à un et un seul objectif, sinon le risque d'échec augmente significativement. Si un instrument se voit assigner plusieurs objectifs, le plus probable est qu'il n'en atteigne bien aucun. En matière éducative, on ne peut que constater que, de l'école à l'université, les objectifs sont toujours plus nombreux et parfois contradictoires.

Troisième obstacle : ces politiques ne peuvent se concevoir qu'à long terme, or le temps de la décision politique est de plus en plus court. Il faut quinze ans, de la maternelle au baccalauréat, pour former une cohorte de jeunes gens, et encore davantage s'ils font des études supérieures. La qualité de cette éducation ne pourra véritablement être mesurée qu'après quelques années de vie adulte, qui amèneront leur lot de décisions. Pour autant, les parcours d'apprentissage qu'ils emprunteront feront l'objet de réformes multiples, visant à défaire ce qui vient d'être fait, puis à le refaire. Ainsi, en matière d'éducation, il s'agit un jour de revenir aux fondamentaux, puis le lendemain d'ouvrir une discipline à de nouveaux horizons pour la moderniser et l'enrichir. De même, on divisera les classes en groupes de niveau avant de favoriser le tutorat individualisé après un cours unique, puis d'expérimenter la présence de deux enseignants en classe. Ces politiques évoluent au gré des gouvernements, souvent avant même d'être réellement évaluées, sans que soit toujours pris en compte le temps long.

Face à ces obstacles, celles et ceux qui ont le courage de se pencher sur les services publics de l'éducation sont à saluer, car ils ont souvent plus à perdre qu'à gagner. Ils doivent nécessairement engager des consultations très larges (bien davantage que dans un secteur plus régalien) puis ne prendre des décisions qu'avec une extrême prudence, tant ces politiques sont engageantes pour nombre d'usagers et de professionnels. Leur malheur est que, même s'ils sont efficaces, ils ne pourront pas revendiquer un succès, puisque celui-là ne pourra être évalué qu'à long terme. Pour autant, les défis de notre temps légitiment un peu plus chaque jour leur indispensable engagement.

UN HÉRITAGE HISTORIQUE RICHE

Les services publics de l'éducation sont vus comme l'un des piliers de la République française, portant les valeurs de liberté, d'égalité et de fraternité. De manière sans doute idéalisée, ils constituent un espace de transmission des savoirs, de socialisation et d'émancipation individuelle. Pourtant, cet idéal n'a cessé de se confronter à des réalités complexes.

En matière éducative, l'époque contemporaine est marquée en France par l'œuvre de la Révolution française[1]. Les circonstances sont celles de la guerre et pourtant des principes fondateurs sont posés, comme ceux de l'enseignement laïque et gratuit. Le corps des instituteurs est créé par une loi de 1792 et la loi Daunou du 3 brumaire an IV (1795) pose les bases d'un enseignement primaire, sans toutefois y associer d'obligation.

1. Grenon M. (1989), « Science ou vertu ? L'idée de progrès dans le débat sur l'instruction publique, 1789-1795 ». *Études françaises*, 25 (2-3), 177-190.

Sous le Consulat sont instaurés les lycées par une loi de 1802. Le fait est que politique et éducation sont étroitement liées. Victor Hugo le résume dans *Les Misérables* par une formule dont il a le secret, imaginant le dialogue entre un ancien conventionnel et l'évêque de Digne : « Je veux dire que l'homme a un tyran, l'ignorance. J'ai voté la fin de ce tyran-là. Ce tyran-là a engendré la royauté qui est l'autorité prise dans le faux, tandis que la science est l'autorité prise dans le vrai. L'homme ne doit être gouverné que par la science. – Et la conscience, ajouta l'évêque. » En France, l'éducation a donc, au moins historiquement, pour rôle premier de former des citoyens, car elle permet l'existence du projet politique qu'est la République.

Le XIXe siècle voit la généralisation de la question scolaire[2]. En 1833, la loi Guizot impose à chaque commune de plus de 500 âmes d'ouvrir une école de garçons. La loi Falloux de 1850 étend ce principe à toutes les communes. Il faudra attendre 1867 pour que Victor Duruy étende ces obligations aux jeunes filles pour les communes de plus de 500 habitants. L'année précédente, la ligue de l'enseignement avait été créée par Jean Macé pour porter l'instauration d'une école gratuite, obligatoire et laïque. Ce sera chose faite avec les lois de Jules Ferry adoptées en 1881 et 1882.

---

2. Albertini P. et Borne D. (2014), *L'école en France du XIXe siècle à nos jours de la maternelle à l'université.*

Au XXe siècle, le système éducatif français s'élargit pour accompagner les mutations économiques et sociales. Pendant les Trente Glorieuses, les lycées professionnels et les instituts universitaires de technologie (IUT) sont créés pour répondre aux besoins d'une économie en pleine industrialisation. La massification de l'enseignement supérieur dans les années 1960-1970 traduit une démocratisation progressive, mais elle pose aussi les bases de nouvelles inégalités. Dans les années 1980, la formation tout au long de la vie devient un enjeu central pour les grandes firmes. Avec la mondialisation économique et la transformation des métiers, l'État promeut des dispositifs qui aboutissent au compte personnel de formation (CPF) que l'on connaît aujourd'hui et qui permet de favoriser l'adaptabilité des travailleurs.

À propos de ce service public tel qu'il existait au tournant du siècle, il existe un véritable consensus pour reconnaître qu'il a élevé significativement le niveau de compétences de la population, favorisé la mobilité sociale puis, dans un second temps, l'émancipation des femmes. Cette école a aussi diffusé les valeurs de la République, participant ainsi de l'ancrage du régime. C'est d'ailleurs le rôle que Bonaparte avait donné au lycée, au même titre que les autres institutions fondées sous son autorité, comme le préfet ou la Banque de France : « Croyez-vous que la République soit définitivement acquise ? Vous vous tromperiez fort. Nous sommes maîtres de la faire, mais nous ne l'avons pas, et nous ne l'aurons pas, si nous ne jetons pas sur le sol de France quelques masses de granit[3]. »

DES DÉFIS STRUCTURANTS

Malgré ces acquis historiques, des inégalités sociales et territoriales persistent. Si l'école est supposée offrir les mêmes chances à tous, la réalité montre que le parcours scolaire d'un élève reste fortement dépendant de son origine sociale et de son lieu de résidence. Les établissements situés dans des zones défavorisées peinent à répondre aux besoins spécifiques de leurs élèves, malgré des dispositifs comme les réseaux d'éducation prioritaire (REP et REP+). Les exigences qui pèsent sur le système éducatif sont élevées, mais il faut reconnaître qu'aucun service public ne s'est transformé à cette vitesse : entre 1966 et 1975, un collège a été inauguré chaque jour et le budget de l'éducation nationale est passé de 1,5 % du PIB en 1952 à plus de 7 % à la fin des années 1990[4].

Quoi qu'il en soit, l'idée d'une « crise » de ce service public est désormais bien ancrée dans le débat public : les programmes de formation sont souvent présentés comme en décalage avec les besoins

---

3. Thiers A. (1836), *Histoire de la Révolution française*.

4. Fournier M. (2000), « Les transformations de l'école », Sciences Humaines.

économiques, les inégalités demeurent et la dévalorisation de la profession d'enseignant est désormais actée. La difficulté des institutions scolaires et universitaires à se saisir des enjeux propres à la transition numérique et à l'émergence de l'intelligence artificielle revient également fréquemment. Surtout, l'idée d'une baisse générale du niveau dans les domaines clefs fait son chemin. Ainsi, dans l'étude PISA (*Programme for International Student Assessment*) de l'OCDE, présentée en novembre 2024 et à laquelle participaient quatre-vingt-un pays ou territoires, les performances françaises demeurent mitigées[5].

**Tendances en mathématiques,
compréhension de l'écrit et sciences
Test PISA, moyenne de l'OCDE**

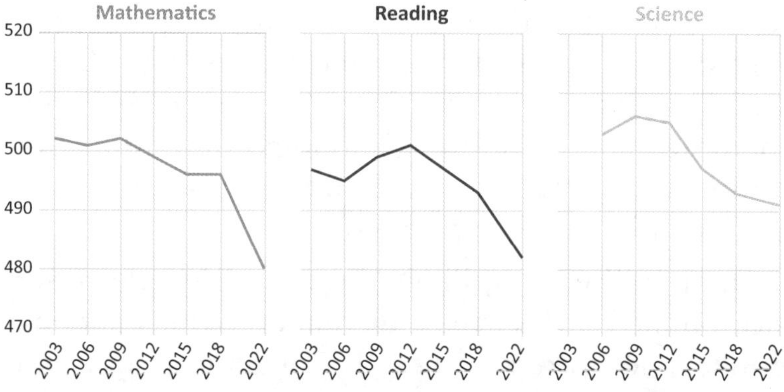

Source : *OECD (2023), PISA 2022 Result (Volume I): The State of Learning and Equity in Education.*

5. OECD (2024), PISA 2022 Results (Volume V): Learning Strategies and Attitudes for Life.

Si le score moyen des pays participants a reculé de près de dix points en compréhension de l'écrit et de quinze points en mathématiques entre 2018 et 2022, la France fait partie des pays dans lesquels ce recul est marqué[6]. L'OCDE définit les compétences à l'écrit comme « la capacité de comprendre, d'utiliser et d'interpréter des textes écrits en vue de réaliser ses objectifs, développer ses connaissances et son potentiel et prendre une part active dans la société. L'indicateur utilisé est le score moyen ». Pour cette compétence, la France se situe désormais à 474 points, juste en dessous de la moyenne de l'OCDE de 476 points. À la fin des années 2010, elle se trouvait encore légèrement au-dessus. La France se classe ainsi en dernière position des pays du G7 et derrière de nombreuses économies européennes (Belgique, Portugal, Croatie, etc.).

En apprentissage des mathématiques, la France se situe encore légèrement au-dessus de la moyenne de l'OCDE (474 points contre 472) et devant les États-Unis qui obtiennent un 465 peu flatteur. En revanche, elle se trouve loin derrière le Canada (497), la Belgique (489) et la majorité des économies les plus avancées. La granularité de l'enquête de l'OCDE permet d'ouvrir des pistes de réflexion pour mieux comprendre les difficultés que rencontrent les élèves à travers le monde. Ainsi, les experts de

6. OECD (2023), PISA 2022 Results (Volume I): The State of Learning and Equity in Education.

l'OCDE notent que seuls 39 % des élèves français disent poser des questions en mathématiques lorsqu'ils ne comprennent pas et que 36 % d'entre eux disent essayer de faire le lien entre la nouvelle leçon et ce qu'ils ont appris précédemment.

Une des conséquences de ce décrochage est l'augmentation dans notre société de la part des jeunes qui ne sont ni en emploi, ni en formation, ni en stage. On utilise souvent l'acronyme anglais NEET (*not in employment, education or training*) pour les désigner. S'ils représentaient un peu plus de 10 % des jeunes avant la crise de 2008, ils se sont désormais durablement stabilisés au-dessus de 12 %, avec un pic à près de 16 % lors de la pandémie de Covid-19, ce qui témoigne de la difficulté accrue de notre système à protéger les jeunes lorsque notre économie connaît des turbulences.

Part, en pourcentage, des jeunes de 15 à 29 ans qui ne sont ni en emploi, ni en stage, ni en formation (NEET) - France hors Mayotte (INSEE)

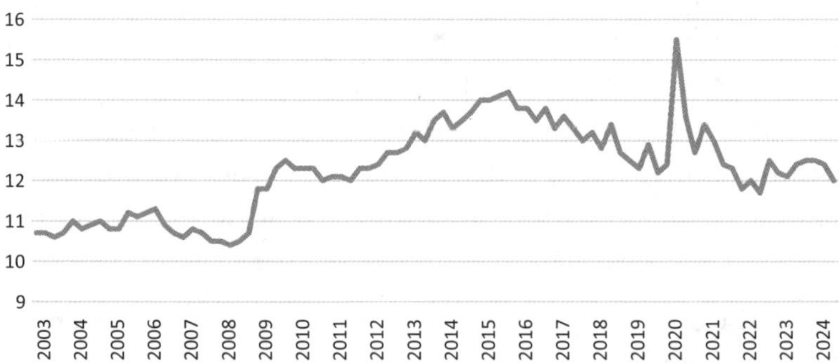

Ces décrochages dans les années de jeunesse ne sont pas anodins. Il sera ensuite très difficile pour les jeunes concernés de retrouver le chemin d'une formation ou de l'emploi. Pour les aider, une « garantie jeune » avait été mise en place dans les années 2010, transformée en contrat d'engagement jeune (CEJ) en 2022, à destination du public âgé de 16 à 25 ans. Concrètement, ce dispositif mis en œuvre par France Travail et les missions locales vise à permettre l'accès à des stages, formations ou services civiques, dans le but de trouver un emploi durable. Pour autant, s'il obtient des résultats[7], il ne demeure qu'une des dimensions de résolution d'un problème appelant des réformes de structure.

Des réformes à tous les niveaux

Si de nombreux chantiers sont engagés chaque année par les ministres qui se succèdent à la tête de l'éducation nationale, de l'enseignement supérieur et de la recherche, on peut tout de même distinguer quelques lignes de force par grands cycles d'apprentissage de l'école maternelle jusqu'aux formations universitaires. Pour l'école élémentaire et le collège, l'accent est mis sur les savoirs fondamentaux et sur l'aide aux devoirs, pour limiter les inégalités. En

7. Couronné J., Loison-Leruste M. et Sarfati F. (2016), « La Garantie jeunes en action : usages du dispositif et parcours de jeunes », *Connaissance de l'emploi.*

effet, plus les écarts d'apprentissage apparaissent tôt et moins ils seront résorbables. Des réformes des temps scolaires ont également été mises en œuvre, dont les premiers effets devront faire l'objet d'évaluations robustes.

À l'autre bout du système scolaire, l'apprentissage a été promu comme une stratégie d'intégration plus efficace au marché du travail, en adaptant mieux les profils de jeunes gens aux besoins des entreprises. En s'inspirant du modèle allemand, les gouvernements successifs ont favorisé ces contrats d'alternance entre études et entreprise, à tel point que le nombre de jeunes en alternance est passé de 438 000 en 2016 à près de 800 000 en 2021, soit une hausse de 82 %. Cette hausse très forte s'est accompagnée d'un fort développement post-bac : désormais, plus de la moitié des apprentis sont au moins en licence, ce qui contribue à la démocratisation de l'enseignement supérieur et à son financement, mais éloigne le dispositif de son objectif initial. Or, le coût de ce dispositif est élevé : de 1,9 million d'euros par an d'aides aux employeurs au milieu des années 2010, il a dépassé les 5 millions d'euros mobilisés par an en 2021[8]. Dans le cadre budgétaire contraint que nous connaissons, l'enjeu est désormais de mieux cibler les aides en les centrant sur les formations prioritaires.

8. Cour des comptes (2022), « La formation en alternance » (rapport).

Au lycée, les réformes des filières et du baccalauréat ont fait l'objet de nombreux débats, dont on peut regretter qu'ils ne s'appuient pas toujours sur des évaluations, qui ne pourront être produites que sur le temps long. Il en va de même dans l'enseignement supérieur. En parallèle, d'autres dispositifs comme le service national universel (SNU), d'inspiration militaire, visent à transmettre des valeurs et à favoriser l'engagement des jeunes de 15 à 17 ans. Compte tenu des coûts élevés de ce programme et d'autres expérimentations, qui pourraient atteindre les 5 milliards d'euros par an, une clarification des objectifs et des évaluations de l'efficacité devront s'imposer[9]. Pour ce qui est de la formation tout au long de la vie, les dispositifs comme le CPF manquent encore de lisibilité, voire de notoriété. Ainsi, en milieu urbain, quelque 5 % des actifs suivent chaque année une formation financée par leur compte, contre un peu plus de 2 % en milieu rural[10].

Face à ces constats, plusieurs lignes d'action peuvent être envisagées pour renforcer l'efficacité mais aussi l'équité des services publics de l'éducation :

1. **Réduire les inégalités territoriales et sociales** est un travail qui ne semble jamais achevé : une

9. Cour des comptes (2024), « Service national universel, un premier bilan, cinq années après son lancement », rapport public thématique.

10. Langevin G. et Mahieu R. (2023), « Les disparités territoriales de recours au CPF », Caisse des Dépôts et Consignation.

dotation accrue pour les établissements REP et REP+, associée à une forme d'autonomie locale dans la conduite des projets, serait une avancée. La stabilisation des enseignants dans ces zones doit demeurer un chantier pour attirer des professeurs toujours plus expérimentés face à ces publics fragiles.

2. **Valoriser les voies professionnelles et techniques** est l'autre grand axe de politique publique réaffirmé régulièrement par les ministres successifs. L'apprentissage a beaucoup aidé en valorisant des débouchés concrets. Une autre piste serait de renforcer les passerelles avec l'enseignement supérieur pour diminuer les risques de l'engagement dans cette voie tels qu'ils sont parfois perçus par les parents et les élèves.

3. **Favoriser une approche personnalisée** : les technologies modernes permettent de faire parler les chiffres pour proposer des parcours adaptés à chaque élève, en maintenant un encadrement humain de haut niveau.

4. **Soutenir la formation tout au long de la vie** : une meilleure coordination entre les acteurs publics et privés pourrait simplifier l'accès aux dispositifs existants. L'accent doit être mis en priorité sur les publics les plus éloignés de l'emploi. Cela permettra de construire des dispositifs plus efficaces, avec un impact réduit pour les finances publiques.

5. **Renforcer les politiques sportives et associatives** : ces activités, essentielles pour le développement personnel, doivent être toujours plus intégrées à un projet éducatif général. Elles incarnent les « années lycée » dans certains systèmes comme aux États-Unis, mais ce n'est pas nécessairement le cas en France, alors que ces activités favorisent l'engagement. Cela passe nécessairement par un soutien financier aux associations locales et une valorisation des projets inter-établissements.

Le service public de l'éducation est au cœur des ambitions républicaines et alimente ainsi les discours pleins d'allégresse de responsables politiques. Il façonne les citoyens de demain et contribue à la cohésion sociale. Pour autant, les moyens investis sont à la hauteur d'enjeux économiques et sociaux plus larges. Dans un monde où le changement devient structurel, le défi est d'évoluer sans renier ses principes fondateurs. Par des réformes ambitieuses et une vision partagée, il peut continuer à incarner un idéal d'égalité des chances et d'émancipation. Pour autant, il faudra probablement renoncer à vouloir résoudre instantanément tous les problèmes, par la réforme magique qui nous manquait : c'est désormais au temps long de faire son office.

Chapitre 6
La valse des politiques culturelles

Les ministres de la Culture se suivent et ne se ressemblent pas. S'il est bien un périmètre de l'action publique où le ministre change, c'est la culture. Si André Malraux est resté dix ans en fonction, ce fut loin d'être le cas de ses successeurs, hormis l'incontournable Jack Lang qui reste l'éternel ministre de la Culture aux yeux des invités aux diverses soirées où il apparaît. En fonction de 1981 à 1986 puis de 1988 à 1992, il reste l'exception à la règle selon laquelle le ministre de la Culture est renouvelé au gré des remaniements ministériels. Il est vrai qu'il s'agit d'une fonction visible, à laquelle les citoyens s'intéressent. Nommer un nouveau ministre est donc l'occasion de faire passer des messages, de rénover l'image du gouvernement ou encore d'impulser une nouvelle dynamique. Selon le ministre, le patrimoine, les spectacles vivants ou la littérature, voire la francophonie seront à l'honneur, mais il sera difficile d'inscrire des annonces dans le temps long.

Fort heureusement, les services publics de la culture résistent bien à cette valse des ministres et de leurs politiques, tant les institutions culturelles françaises sont anciennes et ancrées dans notre histoire. En effet, il n'a pas fallu attendre la création d'un ministère de la culture pour que l'État se préoccupe du sujet[1]. Ainsi, sous l'ancien régime, Charles V (1364-1380) constitue une bibliothèque royale qui préfigure la Bibliothèque nationale de France (BNF) que nous connaissons aujourd'hui. À la Renaissance, la culture devient même un instrument d'expression du pouvoir royal. En 1530 est créé le collège royal, qui deviendra le collège de France en 1870. En outre, en 1539, l'ordonnance de Villers-Cotterêts impose l'usage du français dans les actes officiels. Un siècle plus tard, en 1635, c'est l'Académie française qui est créée par Richelieu, puis Louis XIV fait des arts un outil de rayonnement. Sous le Second Empire, Napoléon III, qui se dote d'un ministre des beaux-arts et favorise l'essor des musées et théâtres, décide de la construction du palais Garnier. En 1855, c'est à Paris qu'a lieu la première exposition universelle. Il faudra tout de même attendre la IIIe République pour que

1. Greffe X. et Pflieger S. (2015), « La Politique culturelle en France », *La Documentation française*.

l'État devienne un acteur culturel incontournable. Ainsi, à la veille de la Première Guerre mondiale, en 1914, deux tiers des musées ouverts au public ont été inaugurés depuis la proclamation de la République en 1870. La création de l'École du Louvre en 1882, sous le gouvernement Gambetta, témoigne aussi de l'effort d'ouverture culturelle et muséographique français.

C'est tout de même dans les années 1960 que les politiques publiques culturelles prennent leur envol. André Malraux, ministre d'État, chargé des affaires culturelles, premier dans l'ordre protocolaire, double les crédits. Dès 1962, la loi qui porte son nom pose les fondements d'une politique ambitieuse de préservation du patrimoine dans les centres urbains, lesquels sont aussi touchés par les grandes politiques de rénovation de l'époque. C'est aussi la décennie de la commande du plafond du palais Garnier à Chagall, pour ne citer que l'exemple le plus frappant. Dans les années 1970, les fonds mobilisés doublent à nouveau. Cette fois-ci ce sont les grands établissements culturels et scientifiques que nous connaissons aujourd'hui qui voient le jour : du centre Pompidou au musée d'Orsay, en passant par la cité des sciences et de l'industrie, nombre de projets sont engagés. Dans les années 1980, avec Jack Lang, la culture devient aussi un objet de relations internationales, avec la critique de la domination américaine dans la production contemporaine. Les grands projets se poursuivent, du Grand Louvre à l'opéra Bastille, et le budget de la culture double de nouveau en s'ouvrant à d'autres formes de création et en mettant en valeur de manière inédite la culture, entre fête de la musique et journées du patrimoine. Au demeurant, le ministère de la Culture n'est pas le seul à agir. Les collectivités locales financent près de la moitié de l'effort, en investissant dans les musées, médiathèques, théâtres et conservatoires. Le ministère de l'Éducation nationale conduit ses propres politiques dans ses établissements et le ministère des Affaires étrangères poursuit un effort mondial, notamment grâce au réseau des instituts français.

Au milieu des années 2020, les services publics de la culture en France demeurent donc au croisement de politiques publiques protéiformes, imbriquées et pas toujours lisibles pour le citoyen, alors même que l'offre n'a jamais été aussi internationale. Dès lors, si les objectifs des politiques publiques culturelles demeurent inchangés, les moyens doivent probablement être rénovés.

DES SERVICES PUBLICS POUR LA CULTURE

L'une des fonctions principales des services publics culturels en France est d'assurer un accès à la culture pour tous, indépendamment du milieu social ou de considérations géographiques. De nombreuses structures publiques, comme les médiathèques, les conservatoires, les théâtres subventionnés ou les musées nationaux, permettent aujourd'hui à des millions de Français de découvrir et de s'approprier la culture. Au-delà du temps de la découverte, il y a l'espoir de faire naître un véritable amour de la culture pour le public le plus large possible. Pour autant, cet argument d'équité ne se suffit pas à lui seul. L'intervention de l'État sur le marché de la culture, si l'on peut l'appeler ainsi, se justifie par au moins trois arguments d'efficacité économique.

Tout d'abord, la préservation du patrimoine nécessite de se projeter sur le long terme. C'était le sens de la nomination par Guizot en 1830 d'un inspecteur général des monuments historiques : les investissements sont considérables et ne sauraient être absorbés en quelques années. S'il fallait compter sur la rentabilité à court terme du capital investi dans le patrimoine, il est probable que seuls certains monuments, les plus connus, seraient sauvés, et cela au prix d'une transformation de leurs abords en centres de divertissements, avec restaurants, boutiques, cinéma 3D pour justifier des tickets d'entrée très élevés. Exceptionnellement, certains monuments peuvent susciter des élans de générosité de la part du public. Ainsi, en avril 2019, seulement deux jours après l'incendie de Notre-Dame, plus de 900 millions de promesses de dons avaient déjà été enregistrées. Mais pour les sites moins connus, les fonds viennent souvent à manquer. Dès lors, l'État, mais aussi d'autres structures d'action collectives, comme les fondations, orientent les fonds sur le long terme et flèchent les crédits vers un patrimoine parfois moins spectaculaire mais de grande valeur.

À l'opposé du patrimoine, immuable, se trouve le spectacle vivant, qui est touché par la « maladie des coûts », ou loi de Baumol : dans ce secteur, les grains de productivité sont très faibles (un orchestre aujourd'hui ressemble beaucoup à un orchestre d'il y a cent ans), alors que les coûts de structure (salaires, immobiliers) ne cessent d'augmenter, portés par le développement économique. Or, les recettes de billetterie ne peuvent que difficilement progresser au même rythme pour maintenir la demande du public. Dans un monde toujours plus digitalisé, le soutien au spectacle vivant – qui concerne aussi bien le théâtre de rue que l'opéra – a donc une place particulière. L'intervention publique vise non seulement à maintenir des prix raisonnables pour le public, mais aussi, plus fondamentalement, à garantir la pérennité économique du secteur. Sans cette intervention, seuls quelques spectacles, à la notoriété la plus grande, parviendraient à rester à l'affiche, à des prix très élevés pour le public. C'est d'ailleurs le modèle économique de Broadway à New York ou du West End à Londres.

Enfin, entre patrimoine et spectacle vivant, les œuvres de l'esprit que sont les livres ou les films sont touchés par une troisième maladie économique : celle de la réplication à coût quasiment nul. La production initiale d'une œuvre demande du temps et des efforts, mais une fois achevée, elle peut être répliquée très facilement en un nombre infini d'exemplaires. Il est donc parfois difficile de justifier un prix de vente auprès du public : pourquoi payer pour voir ce film alors que la projection ne coûtera quasiment rien ? Cela favorise les comportements de passagers clandestins : hier, aller voir un second film en changeant de salle au cinéma, aujourd'hui, visionner illégalement un film ou une série sur une plateforme de streaming. En économie, on dit que les biens culturels sont souvent des biens de club, car il est possible de mettre une barrière à l'entrée (ticket de cinéma, carte de bibliothèque, abonnement à une plateforme, etc.), mais la consommation par un spectateur de l'offre culturelle n'empêchera pas un autre de la consommer dans les exactes mêmes conditions. Pour justifier leurs prix, les acteurs de la culture doivent donc retravailler en permanence leur offre, et l'intervention de l'État est souvent nécessaire pour les protéger d'acteurs déloyaux.

SOUVENT CRITIQUÉS, JAMAIS ÉGALÉS

Malgré les efforts de démocratisation culturelle, des inégalités persistent. L'accès à la culture reste inégal, particulièrement entre les zones urbaines et rurales, mais aussi en fonction des classes sociales. Si des actions telles que la gratuité dans certains musées ou les programmes de médiation existent, elles ne compensent pas toujours les disparités géographiques et économiques. Pire, elles profitent en réalité largement aux habitués. Ainsi, 45 % des cadres ont vu un spectacle vivant en 2022 et ont donc profité des subventions importantes versées au secteur, alors que seuls 18 % des employés en ont profité.

Pratiques culturelles selon la catégorie socioprofessionnelle en 2022[2]

En pourcentage					
Pratique culturelle au cours des douze derniers mois	**Agriculteurs**	**Artisans, commerçants, chefs d'entreprise**	**Cadres**	**Employés**	**Ensemble**
Séance de cinéma					
Oui, dont :	34,1	37,4	64,0	43,3	**40,2**
quatre fois ou plus	*5,9*	*9,2*	*24,4*	*12,7*	***13,5***
Non, pour raisons financières	0,0	4,9	1,2	9,5	**6,7**
Non, par manque d'intérêt	19,5	14,5	8,6	12,9	**16,1**
Visite d'un site culturel (musée, galerie, monument, site archéologique, etc.)					
Oui, dont :	17,7	30,8	62,6	28,6	**32,1**
quatre fois ou plus	*3,8*	*8,2*	*26,4*	*6,7*	***10,4***

2. Le motif « Non, pour autres raisons » n'est pas affiché : le total des lignes n'est donc pas égal à 100. Les chômeurs n'ayant jamais travaillé et les inactifs autres que les retraités sont comptabilisés dans la colonne « Ensemble ».

	En pourcentage				
Pratique culturelle au cours des douze derniers mois	**Agriculteurs**	**Artisans, commerçants, chefs d'entreprise**	**Cadres**	**Employés**	**Ensemble**
Non, pour raisons financières	1,8	5,3	0,9	8,9	**6,3**
Non, par manque d'intérêt	36,4	24,3	9,9	27,3	**26,1**
Présence à un spectacle (théâtre, danse, opéra, concert)					
Oui, dont :	19,2	22,2	45,1	18,3	**22,1**
quatre fois ou plus	*4,1*	*3,5*	*15,3*	*2,5*	***5,2***
Non, pour raisons financières	1,0	6,3	1,7	11,6	**7,9**
Non, par manque d'intérêt	33,1	23,5	13,3	25,8	**26,8**
Présence à un événement sportif (match, course, tournoi, etc.)					
Oui, dont :	18,6	26,1	28,6	17,1	**19,3**
quatre fois ou plus	*5,2*	*10,1*	*9,7*	*7,0*	***7,5***
Non, pour raisons financières	0,8	3,3	1,0	6,0	**4,5**
Non, par manque d'intérêt	46,4	37,0	42,9	50,1	**45,0**
Lecture d'un livre au moins (y compris livres électroniques et audio)					
Oui, dont :	36,1	56,5	82,9	62,4	**60,5**
dix livres ou plus	*10,2*	*13,7*	*29,5*	*15,0*	***19,4***
Non, pour raisons financières	0,4	0,4	0,1	0,5	**0,4**
Non, par manque d'intérêt	37,4	27,0	9,1	23,6	**25,8**

Source : Insee, enquête « Statistiques sur les ressources et les conditions de vie » (SRCV), 2022 (extrait).

Les grandes institutions culturelles, telles que l'Opéra de Paris ou le Musée du Louvre, attirent un public relativement homogène, souvent issu des classes moyennes et supérieures, même si ces établissements déploient des efforts importants pour s'ouvrir plus largement. Ainsi, 63 % des cadres ont visité un site culturel en 2022, contre 18 % des agriculteurs et 29 % des employés. Cette équité partielle dans l'accès à la culture pose la question du bon positionnement des financements. Malgré des augmentations très significatives sur le temps long, les budgets alloués à la culture par l'État et les collectivités locales sont souvent considérés comme insuffisants par les professionnels concernés.

Dans les faits, les évaluations conduites peuvent être sévères. Il en va ainsi de celle rendue en 2024 par la Cour des comptes sur le pass culture[3]. Ce pass est une politique publique prioritaire du ministère de la Culture depuis 2017. Il comprend une part collective mobilisée par l'Éducation nationale et une part individuelle que tous les jeunes gens de 15 à 18 ans peuvent mobiliser librement pour un montant total de 380 euros, débloqué progressivement. La Cour note que 82 % des jeunes éligibles sont inscrits mais que le dispositif touche moins les jeunes les plus éloignés de la culture. En effet, parmi les jeunes issus de

3. Cour des comptes, Premier bilan du pass Culture, décembre 2024.

classes populaires, le pourcentage tombe à 68 %. Environ la moitié des fonds est mobilisée pour acheter des livres (entre 42 et 55 %), où la part de mangas est passée de 40 % en 2021 à 20 % en 2024, ce qui signale une diversification bienvenue. En revanche, le spectacle vivant peine à intéresser ce jeune public : seuls 7 % des utilisateurs du pass ont réservé un spectacle autre que musical dans l'application. Côté demande, il peut donc y avoir un risque d'effet d'aubaine : le public utilise partiellement, voire totalement le pass pour souscrire à des produits qu'il aurait consommés de toute manière. Le plus étonnant se trouve côté offre : les grands opérateurs hésitent à s'ouvrir à ce public. Ainsi, seuls 55 % des musées sont inscrits à ce pass. En revanche, certaines entreprises ont profité du pass pour faire financer leurs activités récréatives, avec une dimension culturelle plus limitée. Par exemple, les séances d'*escape game* ont été financées pour près de 16 millions d'euros grâce au pass avant que le ministère de la Culture ne demande leur déréférencement. De surcroît, la Cour signale que l'impact du pass sur les pratiques culturelles des jeunes demeure limité dans la durée, puisque seuls 38 % d'entre eux poursuivent les activités découvertes. Pour un montant total de 324 millions d'euros en 2024, pour sa partie individuelle, ce pass mériterait donc d'être mieux calibré. Les bénéficiaires pourraient, par exemple, être ciblés en fonction de critères sociaux (boursiers) et territoriaux (quartiers des politiques de la ville, zones rurales) pour augmenter l'impact du pass sur les populations les plus éloignées de la culture, tout en maîtrisant mieux les dépenses.

Au-delà de ces discussions budgétaires, des débats ont lieu sur l'existence même de ces politiques. Les uns par rejet de l'État, les autres par rejet de l'offre culturelle produite, laquelle ne serait pas une démocratisation de la culture classique mais plutôt une extension de la notion de culture à d'autres activités. On reproche ainsi aux politiques culturelles d'être le faux nez d'un art officiel idéologique, en même temps qu'une offre de divertissement bas de gamme et une production trop intellectuelle réservée à une élite. On se gardera d'entrer dans ces polémiques.

UN VÉRITABLE MODÈLE EUROPÉEN

Avec ses qualités et ses défauts, le modèle français de ministère de la Culture est devenu un modèle européen et de nombreuses initiatives ont été répliquées. Depuis 1991, les journées du patrimoine sont ainsi portées à l'échelle internationale par le Conseil de l'Europe. Pour autant, des questions de financement demeurent dans un secteur globalement fragile. L'État peut continuer de jouer un rôle, en impliquant probablement toujours davantage le ministère de l'Éducation nationale et l'audiovisuel public. Pour autant, c'est en mobilisant des fonds publics et privés que les projets d'investissements les plus ambitieux pourront être menés par additionnalité. Les grands musées nationaux ont construit des programmes de mécénat ouverts au plus large public, à l'image de la campagne « tous mécènes ! » du Louvre, qui a permis d'acquérir *Le Panier de fraises* de Chardin en 2024 et la *Tabatière Choiseul* l'année précédente, grâce à la générosité de plus de 10 000 donateurs individuels qui ont ajouté leurs fonds à des entreprises. Un bon équilibre doit donc être trouvé entre le modèle scandinave, qui met l'accent sur les infrastructures publiques largement ouvertes, et le modèle britannique, qui fait la part belle au mécénat d'entreprises et aux partenariats public-privé. Une chose est sûre : la diversification des sources de financement permettra d'assurer la pérennité des institutions culturelles.

Face à la révolution numérique, le secteur culturel devra étudier toutes les possibilités pour revoir ses modèles économiques, tout en assurant la protection du droit d'auteur. De même, il devra concevoir de nouvelles politiques pour protéger les librairies indépendantes, par exemple en modulant le taux de TVA selon le canal de distribution. En parallèle, renforcer la décentralisation des services publics culturels permettrait sans doute de rapprocher l'offre des préférences des citoyens, tout en faisant vivre des offres locales, en puisant dans le patrimoine de chaque territoire et en structurant des réseaux culturels de proximité.

Qu'on s'en félicite ou qu'on le déplore, on ne peut que constater le lien étroit qu'il existe en France entre État et culture. Ernest Renan écrit ainsi dans la seconde moitié du XIXe siècle, dans sa *Réforme intellectuelle de l'État*, « qu'il y a de profond dans l'esprit français, que les sciences, les lettres et les arts sont une chose d'État, une chose que chaque nation produit en corps, que la patrie est chargée de provoquer, d'encourager et de récompenser[4] ». Cette vision de la culture est plus restrictive qu'une vision plus anthropologique qui désigne simplement les pratiques en commun dans un groupe d'individu. Cette vision, assurément plus ambitieuse, mérite l'essentiel des efforts publics.

4. Genet-Delacroix M.-C. (1992), « Professionnalisation et institutionnalisation : Artistes et État aux XIXe et XXe siècles », *Les Cahiers de l'Institut d'Histoire du Temps Présent*

Chapitre 7
L'important, c'est la santé

Nous avons presque tous un point en commun : nous sommes nés à l'hôpital ou dans une maternité (98 % des naissances entre 1980 et 2016[1]) et une majorité d'entre nous y finirons notre vie[2]. Autrement dit, ce n'est vraiment pas un secteur d'activité comme un autre et s'il y a bien un domaine où l'on ne peut pas être rationnel, c'est la santé. Celle-ci « ne consiste pas seulement en une absence de maladie ou d'infirmité », comme l'a rappelé l'Organisation mondiale de la Santé (OMS) en 1948, mais en « un état de complet

---

1. Bellamy V. (2017), « Les 784 000 naissances de 2016 ont eu lieu dans 2 800 communes », Insee Focus.

2. Centre national des soins palliatifs et de la fin de vie, atlas des soins palliatifs et de la fin de vie en France, troisième édition, 2023.

bien-être physique, mental et social ». Or, notre capacité à prendre les bonnes décisions sanitaires est limitée par nos émotions, potentiellement accentuées par l'urgence, et par la difficulté à comprendre ou à décrire nos besoins. Aussi, même si c'est généralement le patient qui prend l'initiative de recourir aux soins, la décision de soigner relève-t-elle d'un professionnel de santé par l'acte de prescription. De ce colloque singulier entre un patient et un médecin naît la demande de soin. Cette relation déséquilibrée donne au médecin un pouvoir d'induction de la demande. Au Canada et en Amérique du Nord, où la santé est peu régulée, les économistes ont ainsi identifié une forte corrélation entre l'augmentation du nombre de médecins, la hausse des honoraires et l'accroissement du recours aux soins, alors que l'augmentation de la concurrence devrait plutôt favoriser une baisse des prix[3].

En santé, l'offre peut ainsi générer sa propre demande[4], améliorant potentiellement le bien-être de la population, mais favorisant une augmentation des prix théoriquement infinie. En effet,

---

3. Evans R. (1974), « Supplier-Induced Demand: Some Empirical Evidence and Implications », The Economics of Health and Medical Care.

4. Feldman R. et Morrisey M.A. (1993), « What does the demand curve for medical care measure? », *Journal of Health Economics.*

combien êtes-vous prêt à payer pour rester en vie ? En réalité, le patient sait s'armer face à cette question et se constitue son propre savoir, fondé sur son expérience et ses perceptions. C'est d'ailleurs tout de même à lui que revient le choix du praticien, qu'il sélectionne le plus souvent en se fondant sur des effets de réputation et la capacité de ce dernier à entretenir la confiance. Au demeurant, le patient prend ses décisions, alors qu'il ignore l'étendue de la gravité de son état ou peut s'aveugler et refuser de la reconnaître. De ce processus de décision incertain procède l'impossibilité d'un équilibre concurrentiel en santé, ce qui justifie donc l'instauration de mécanismes de gestion collective de son organisation[5] par l'État, des organismes de sécurité sociale, des mutuelles, voire des assurances. En France, cela s'est traduit tout au long du siècle dernier par la construction d'un système public hospitalier et d'une assurance maladie permettant son financement et la prise en charge des patients en ville ou dans des établissements privés, lucratifs ou non. Ainsi, la santé n'a pas de prix, mais elle a, selon une formule bien connue, un coût. Ce dernier est pris en charge, partiellement ou totalement, par la société, non par idéologie mais par efficacité économique. On dit que la dépense est socialisée.

---

5. Arrow K. (1963), « Uncertainty and the welfare economics of medical care », *The American Economic Review.*

En France, l'État ancre juridiquement ce principe au plus haut niveau possible. Un droit à la protection de la santé, objectif à valeur constitutionnelle, découle du préambule de la Constitution de 1946 au terme duquel la Nation « garantit à tous, notamment à l'enfant, à la mère et aux vieux travailleurs, la protection de la santé, la sécurité matérielle, le repos et les loisirs ». Au-delà des effets bénéfiques de la santé pour chacun, nous gagnons collectivement à vivre dans un espace marqué par un haut niveau de santé publique, où les pathologies les plus violentes sont en constant recul. Une bonne santé est un facteur de productivité collective et donc de croissance : quand les individus se sentent bien, ils peuvent faire des choix dans la vie qui correspondent davantage à leurs préférences, mieux travailler et produire davantage de bien-être. Autrement dit : c'est un cercle vertueux et tout investissement dans la santé produira des effets positifs de long terme. On se propose ici, après un bref panorama du système français, de passer en revue les trois grands défis contemporains que sont ceux de l'accès au soin, du vieillissement de la population et de l'innovation.

L'ORGANISATION DES SOINS EN FRANCE

Il existe, en France, une double offre de soins. D'une part, l'offre de soins ambulatoires, qui désigne les soins effectués en cabinets de ville, en dispensaires, centres de santé ou lors de consultations externes d'établissements hospitaliers publics ou privés. D'autre part, l'offre de soin hospitalière, qui désigne l'ensemble des services (soins et hébergement) de court et moyen séjours fournis par les hôpitaux publics et privés. Elle englobe les activités de chirurgie, médecine, obstétrique (MCO), de soins médicaux et de réadaptation (SMR) et de psychiatrie (PSY). Certaines offres sont à la limite de l'ambulatoire et de l'hospitalier ; ainsi, les établissements d'hébergement pour personnes âgées dépendantes (EHPAD) sont des établissements médico-sociaux, au sein desquels les soins prodigués sont considérés comme effectués au domicile du patient. L'offre de proximité peut être prise en charge aussi bien par des hôpitaux locaux, centrés sur la gériatrie, que par des centres hospitaliers publics ou privés. Au niveau régional, trente-deux centres hospitaliers universitaires (CHU) combinent une mission de soins, de recherche, de formation et de recours pour les autres hôpitaux ; ils assurent également une prise en charge de premier niveau. Dans ce cadre, 164 000 emplois médicaux sont proposés dans les établissements de santé, dont les deux tiers à l'hôpital public. Les autres personnels soignants représentent 1 million d'emplois, dont les trois quarts dans le public.

Plus que la différence public-privé, c'est la notion de service public qui est structurante. La loi de 2016 la définit comme un mode d'exercice des missions des établissements de santé : « Le service public hospitalier exerce l'ensemble des missions dévolues aux établissements de santé par le chapitre Ier du présent titre ainsi que l'aide médicale urgente, dans le respect des principes d'égalité d'accès et de prise en charge, de continuité, d'adaptation et de neutralité[6]. » Cet exercice est soumis au respect de quatre obligations :

- un accueil adapté, notamment lorsque la personne est en situation de handicap ou de précarité sociale, et un délai de prise en charge en rapport avec son état de santé ;
- la permanence de l'accueil et de la prise en charge, en particulier dans le cadre de la permanence des soins organisée par l'agence régionale de santé (ARS) ;
- l'égal accès à des activités de prévention et des soins de qualité ;
- l'absence de facturation de dépassements des tarifs et honoraires.

En médecine, les deux tiers des séjours sont le fait du public, tandis que les cliniques privées ont une forte activité ambulatoire[7] (63 % des séjours, notamment pour la pratique des endoscopies). Le privé à but non lucratif, dont l'activité est

6. Article L. 6112-1 du code de la santé publique (CSP).

7. Cour des comptes (2023), « Les établissements de santé publics et privés, entre concurrence et complémentarité ».

large, a aussi su se spécialiser, par exemple dans la lutte contre le cancer, notamment avec les dix-neuf centres regroupés au sein d'Unicancer. En chirurgie, les cliniques privées réalisent plus de la moitié de l'activité et les deux tiers des interventions en ambulatoire. En revanche, le secteur public prend en charge la quasi-totalité de l'activité dans les domaines lourds (97 % des transplantations d'organes, 24 % de l'ophtalmologie, mais 46 % de la chirurgie ophtalmique lourde). Les cliniques privées, elles, se concentrent sur des interventions peu complexes en ambulatoire (73 % des cataractes, 62 % des ORL). En obstétrique, les hôpitaux publics réalisent plus des deux tiers des activités, dont les plus lourdes (76 % des accouchements par voie basse).

L'abondance de l'offre et l'évolution des techniques posent la question de l'adéquation entre offre de soins hospitalière et besoins des populations. Au demeurant, les soins de suite et de réadaptation ne sont pas suffisamment développés et sont saturés par les patients de plus de 65 ans. De surcroît, les alternatives à l'hospitalisation peuvent être favorisées, telles la chirurgie ambulatoire ou l'hospitalisation à domicile.

Depuis 2004, la tarification à l'activité (T2A) est utilisée pour financer les activités de médecine, chirurgie et obstétrique (MCO) à l'hôpital. Elle remplace la dotation globale, elle-même instaurée en 1983 à la place du financement au prix de journée. L'objectif de la T2A est de lier les ressources attribuées à l'activité réelle des établissements afin de stimuler leur efficacité. Chaque séjour hospitalier est classé dans un groupe homogène de malades (GHM), auquel correspond un tarif national (GHS), calculé à partir des données d'exploitation. En complément de ce financement principal, certains dispositifs spécifiques subsistent : les médicaments et dispositifs médicaux les plus coûteux sont financés à part, pour ne pas freiner l'innovation, les services d'urgence reçoivent un financement forfaitaire fondé sur le nombre de passages et certaines missions d'intérêt général (MIG) bénéficient également de financements dédiés. La T2A ne s'applique pas non plus aux activités de soins médicaux et de réadaptation, à la psychiatrie et aux unités de soin de longue durée.

Ce paiement à l'acte est également la norme en ce qui concerne les professionnels de santé libéraux. Certaines professions sont rémunérées à la consultation (c'est le cas notamment des médecins), d'autres aux actes réalisés (comme les infirmières). En théorie, les professionnels libéraux peuvent fixer librement, mais « avec tact et mesure », le montant de leurs prestations. Dans les faits, l'immense majorité de ces soignants sont conventionnés avec l'assurance maladie : ils sont tenus de respecter des tarifs négociés nationalement, en échange d'une patientèle abondante et d'avantages fiscaux et sociaux. Depuis une vingtaine d'années, les aspirations des professionnels libéraux à une meilleure rémunération, conjuguées à un cadre financier contraint, ont conduit les pouvoirs publics à admettre de plus en plus de dérogations au principe de l'interdiction des dépassements d'honoraires.

Dans l'actuel cadre financier contraint, le gouvernement utilise le projet de loi de financement de la sécurité sociale (PLFSS), adopté chaque année, pour freiner l'aggravation de la situation des finances sociales. L'objectif national de dépenses d'assurance maladie (Ondam), globalement respecté entre 2010 et la pandémie de Covid, peine à se stabiliser depuis 2020. Pour 2024, le PLFSS présenté fin 2023 le prévoyait à 254,9 milliards d'euros ; mais il a finalement été revu à 256,1 milliards d'euros, soit 1,2 milliard d'euros de dépassement. Pour cette année en particulier, il s'avère que les dépenses de soins de ville ont été sous-estimées, notamment les indemnités journalières et les honoraires des médecins spécialistes. En 2025, à périmètre constant, l'Ondam augmenterait de 7,8 milliards d'euros, par rapport à la cible rectifiée pour 2024, s'établissant à 263,9 milliards d'euros. Cette augmentation, de l'ordre de 2,8 %, est cependant bien en deçà de ce que serait une augmentation des dépenses de santé sans mesures d'économie. En effet, le gouvernement estime que l'évolution tendancielle des dépenses de santé, si aucune mesure d'économie n'était mise en œuvre, serait d'environ 4 % à 5 % (4,7 % pour 2025 selon l'annexe du PLFSS). Il s'agit donc bien d'une baisse relative par rapport à la trajectoire. Ainsi, contrairement à ce qu'on entend encore trop souvent, la politique conduite par le gouvernement ne vise pas à faire baisser les dépenses de santé, mais à tenter de contenir cette augmentation. Ce qui n'est pas exactement la même chose. Pour autant, la mise en place d'une loi pluriannuelle sur le financement des comptes sociaux, réclamée par de nombreux experts, permettrait de concevoir des mesures budgétaires de long terme et d'éviter les mesures paramétriques de réduction des dépenses, souvent inélégamment qualifiées de « coup de rabot[8] ».

Le défi de l'accessibilité

Le premier défi du système de santé est celui de l'accessibilité. En effet, des problèmes de répartition des professionnels de santé sur le territoire existent. La population habite en moyenne à cinq minutes de services de santé de proximité et à dix-neuf minutes d'un hôpital et de services d'urgence ou d'une maternité. En revanche, un quart des

8. Daël V. et Lehman A. (2024), « PLFSS 2025 : le gouvernement en équilibre entre volontés d'économies et d'amélioration de l'offre de soins », *La Revue parlementaire.*

bassins de vie, rassemblant 3,2 millions de personnes (soit 5 % de la population), sont situés à 27 minutes ou plus de ces services[9]. La pénurie de professionnels de santé de premier recours, si elle concerne l'espace rural, se cristallise aussi dans les zones périurbaines défavorisées. L'accentuation des écarts sanitaires entre zones urbaines centrales et zones rurales ou périurbaines est de plus en plus marquée. L'analyse de la distribution spatiale de la mortalité évitable liée au système de soins, c'est-à-dire qui aurait pu être évitée si le système de soins curatifs et préventifs avait bien fonctionné, permet de révéler de fortes inégalités : entre 50 et 70 pour 100 000 habitants dans les Hauts-de-France, contre moins de 30 pour 100 000 en Île-de-France. Des actions sont engagées dans le cadre des quartiers des politiques de la ville (QPV) pour tenter d'endiguer ce phénomène.

Les effets de la situation sociale sur la santé peuvent, eux aussi, être mesurés à travers différents indicateurs (taux de mortalité, de morbidité, etc. en fonction du revenu, du niveau d'études, de la profession, etc.). La prévalence de l'obésité dans la population est un exemple intéressant : l'obésité est dix fois plus fréquente parmi les enfants d'ouvriers (6,1 %) que parmi les enfants de cadres (0,6 %). Moins qu'à l'accès aux soins, les inégalités sociales touchent surtout en amont les facteurs de

9. Beresniak A. (2020), *Économie de la santé*, Elsevier Masson.

risque liés à la survenue des pathologies (conditions de travail, pouvoir d'achat, sédentarité, alimentation, etc.). Une bonne connaissance des facteurs de risque propres à chaque pathologie est donc indispensable pour mettre en place des stratégies de prévention adaptées. La consommation des soins varie selon le niveau de revenu, la catégorie socioprofessionnelle, la structure du ménage et le niveau d'études. Ainsi, 35 % des personnes du premier décile déclarent un état de santé dégradé, contre 14 % des personnes du dernier décile. Pour autant, ce besoin de soins plus important ne se traduit pas par des dépenses de santé plus élevées, car les personnes à plus faible revenu sont aussi souvent celles qui ne disposent pas de mutuelles et renoncent à des soins.

Ces problèmes d'accès au soin sont anciens et certaines barrières relèvent de l'administration elle-même. L'instauration du ticket modérateur a eu lieu dès 1945 et existait déjà dans des systèmes assurantiels précédents. Il vise à répondre à l'aléa moral théorique qui naît du remboursement des soins, c'est-à-dire leur potentielle surconsommation. Pourtant, il peut être un frein à l'accès aux soins. Plus globalement, se pose la question des mécanismes de copaiement, dont les contributions forfaitaires introduites en 2007, des dépassements d'honoraires, etc. Ainsi, les contributions financières des patients se sont multipliées de façon peu cohérente, avec des régimes d'exonération complexes, ce qui favorise le non-recours aux droits.

LE DÉFI DU VIEILLISSEMENT

Le deuxième défi du système de santé est le vieillissement de la population et donc l'augmentation des prises en charge, en particulier du fait de l'augmentation des maladies chroniques avec l'âge. Cela d'autant plus que les patients sont pris en charge à 100 % par l'assurance maladie dans le cadre d'une affection de longue durée (ALD), lesquelles représentent désormais 60 % des remboursements de l'assurance maladie alors qu'elles ne couvrent que 13,6 % des patients. Au demeurant, les dépenses de santé augmentent nettement après 60 ans. La dernière année de vie est la plus coûteuse avec une dépense moyenne de l'ordre de 25 000 €, tous soins confondus. Pour autant, le vieillissement de la population n'est pas la cause principale de la progression des dépenses de santé, largement due à l'augmentation du niveau de vie et aux innovations médicales. La part des dépenses de santé dans les pays de l'OCDE devrait progresser de 5,7 % en 2005 à 9,6 % en 2050, soit une progression de 3,9 points de PIB, dont seulement 0,7 point attribuable au vieillissement. De même, le coût des soins augmente, en réalité, sensiblement à l'approche de la mort, quel que soit l'âge auquel le décès se produit.

Face à ce mouvement, un accent doit être mis sur les dépenses de préventions. Elles sont estimées à 7,5 milliards d'euros en 2023. Les actes de prévention effectués à l'occasion de consultations médicales ordinaires sont toutefois difficilement mesurables. La prévention se répartit entre les mesures de vaccination et de contraception (52 %), de dépistages (24 %) et de prise en charge des facteurs de risque (24 %). Ce montant peut sembler élevé, mais il est limité par rapport au coût de la non-prévention. Ainsi, les dépenses de santé augmentent de 36 % pour les personnes souffrant d'obésité, de 21 % pour les fumeurs et de 10 % pour les buveurs excessifs réguliers d'alcool[10]. En France, le coût social (dépenses de santé et baisse de productivité) du tabac est estimé à 10 milliards d'euros et celui de l'alcool est compris entre 2 et 5 % du PIB. Les troubles musculosquelettiques (TMS), quant à eux, représentent, selon l'assurance maladie, 87 % des maladies professionnelles et donc des coûts afférents.

Le défi de l'innovation

Le troisième défi de notre système de santé est son intégration de l'innovation et de ses coûts toujours plus élevés. L'industrie pharmaceutique est

10. Sturm R. (2002), « The effects of obesity, smoking, and drinking on medical problems and costs », Health affairs.

une industrie de l'innovation. Son modèle économique repose sur des investissements en matière de recherche et développement qui ont vocation à être rentabilisés durant la période de commercialisation. Ce retour sur investissement, nécessaire pour maintenir un flux d'investissement en R&D, est rendu possible par les protections (brevets, protection des données, secret commercial) dont bénéficient les innovations. Elles permettent à l'innovateur d'obtenir une rente de monopole, soit des prix supérieurs à ceux dont il bénéficierait en situation de concurrence. À expiration du brevet, les molécules peuvent être proposées sous forme de médicament générique.

L'industrie pharmaceutique est aujourd'hui confrontée à un défi majeur dans la mesure où elle fait face à une importante vague d'expiration de protections et que les nouvelles innovations sont incrémentales ou alors très spécialisées. Parallèlement, les coûts de développement se sont fortement accrus pour des raisons techniques et du fait du renforcement des exigences des autorités sanitaires. Les gisements de croissance liés à la biologie moléculaire n'ont pas encore pris le relais de ceux de la chimie traditionnelle. Cela se traduit par un renforcement de la spécialisation des laboratoires et par une externalisation de leur activité de développement (rachat de start-up). Ils doivent également faire face à de nouveaux concurrents venus des marchés émergents et au développement de nouveaux secteurs d'activités (alicaments, par exemple).

Depuis la fin du XXe siècle, la biologie moléculaire et la génétique ont ouvert la voie à de nouvelles approches médicales qui ont un impact majeur sur la prise en charge des pathologies (antirétroviraux, anticancéreux, etc.). Rares sont aujourd'hui les médicaments qui ne font pas appel aux biotechnologies. Le séquençage du génome humain et la pharmacogénétique permettent d'envisager l'avènement de la médecine prédictive et de la médecine personnalisée, qui permet d'adapter un traitement aux caractéristiques génétiques d'un individu. La thérapie génique commence à se développer, avec des traitements dont le coût unitaire dépasse parfois le million d'euros. Le champ des nanotechnologies apporte également des approches thérapeutiques nouvelles.

En parallèle, la vente récente de la division de santé grand public de Sanofi, comprenant notamment le Doliprane, à un fonds d'investissement américain, illustre un mouvement général de désengagement des acteurs pharmaceutiques historiques du marché des médicaments matures[11]. Ce désengagement est irréversible, car ces acteurs, soumis à

11. Daël V. et Lehman A. (2024), « La création d'une capacité pharmaceutique publique permettrait de garantir une production stable de médicaments essentiels », *Le Monde*.

une pression concurrentielle forte, se concentrent sur leur cœur de métier : découvrir, développer et produire de nouveaux médicaments pour continuer le progrès en santé. Pour le dire autrement, la production de médicaments matures s'assimile à une production industrielle comme une autre plutôt qu'à de la recherche en santé et ce n'est plus vraiment le métier des laboratoires. La solution la plus efficiente pour compenser l'abandon durable des médicaments matures par les industriels est la constitution d'une capacité stratégique de production publique de médicaments. Tout d'abord, elle permettrait de garantir une production stable et continue de médicaments essentiels, indépendamment des fluctuations du marché et des décisions des acteurs privés. Ensuite, elle renforcerait l'autonomie stratégique de la France, en réduisant notre dépendance aux chaînes d'approvisionnement internationales et en créant des emplois. Ce dispositif pourrait, au demeurant, être instauré dans le cadre d'un partenariat européen, mobilisant des investissements publics et privés. Enfin, il s'agirait d'une industrie publique certainement bénéficiaire ; les marges dégagées sur la vente des médicaments chimiques ne sont sans doute plus celles d'autrefois, mais elles existent.

Plus globalement, ces dynamiques permettent de comprendre que l'impact du progrès technologique dépasse largement l'impact potentiel du vieillissement. De surcroît, l'augmentation des dépenses de santé est davantage liée à un plus grand volume de soins délivrés qu'à une augmentation des prix. Par exemple, le taux de chirurgie de la cataracte a ainsi triplé en quinze ans, de même que le taux de recours à l'angioplastie.

Entre vieillissement de la population, difficultés d'accès au soin ou d'innovation, il n'y a pas de solution magique pour le système français d'assurance maladie et de soin. Pour autant, l'engagement de responsables politiques, de fonctionnaires de terrain et des professionnels de santé permet de préserver ce fragile équilibre médical et économique. Plus globalement, il est difficile de dire quelle forme aura demain notre système de sécurité sociale, mais on ne peut que souhaiter qu'il perdure le plus longtemps possible, tant il joue un rôle central pour notre bien-être. Pierre Laroque (1907-1997), qui en est l'un des pères, aimait à rappeler que « L'aspiration à la sécurité sociale n'est qu'un aspect de l'aspiration des hommes à la sécurité en général[12]. » Il s'agit donc d'une politique qui relève des missions fondamentales de la puissance publique et qui devrait donc toujours davantage être considérée comme telle.

---

12. Laroque P. (1953), *Réflexions sur le problème social*, Éditions sociales françaises, 1953.

Chapitre 8
Le monde du travail

On l'a vu au fil de ces pages, l'État intervient dans l'économie, par le biais de ses différents services publics, pour réguler certains marchés ou en proposant directement sa propre offre. Cette action a un impact sur divers segments du marché des biens et services, selon l'objectif poursuivi. Le point commun entre tous ces modes d'action est qu'ils ont systématiquement des conséquences pour le marché du travail. Qu'il s'agisse de construire des logements, de faire fonctionner une nouvelle infrastructure, d'ouvrir un hôpital ou de sécuriser une zone sensible, il y aura toujours besoin de main-d'œuvre. Cela est d'autant plus fondamental qu'il s'agit du marché qui permet à chacun de tirer des bénéfices du développement économique du pays : par son salaire, par les compétences qu'il peut exercer et renforcer et, d'une manière générale, par toutes les interactions qui sont générées par la vie professionnelle. Si certains marchés peuvent donc connaître des fluctuations fortes, voire disparaître, il en va donc autrement du marché du travail, sur lequel un déséquilibre entre les besoins des entreprises et la population disponible peut entraîner des conséquences humaines brutales et immédiates. En cas de déséquilibre, on voit apparaître un phénomène bien connu : le chômage, lequel désigne l'ensemble des personnes de plus de 15 ans sans emploi, disponibles pour en prendre un et qui sont en recherche active. Au contraire, si le déséquilibre se manifeste du fait d'un excès de demande de la part des entreprises, le marché du travail est dit « en tension » et les entreprises peinent à recruter sur certains postes les profils adaptés. « Dans la lutte contre le chômage, on a tout essayé », avait déclaré, avec résignation, François Mitterrand (1916-1996), président de la République de 1981 à 1995, lors de la traditionnelle interview du 14 juillet à l'été 1993. Ce n'était pas tout à fait exact à l'époque et il rectifia d'ailleurs dès l'automne, dans le contexte confortable pour lui de la cohabitation, en proposant un changement de méthode. Il n'y a de toute manière pas d'autre choix que de mener une politique active de lutte contre le chômage, sauf à faire collectivement des choix démocratiques étonnants, qui aboutiraient à une augmentation de la pauvreté et à un ralentissement de la croissance.

Le marché du travail est donc un univers scruté à la loupe par les pouvoirs publics, dans lequel il intervient constamment pour favoriser son équilibre, duquel dépendent le succès de nombre de services publics, l'efficacité et l'équité économiques de notre pays. Pour cette raison, deux grands systèmes assurantiels ont été conçus : un système d'assurance chômage, qui limite l'impact humain des déséquilibres, et un système d'assurance retraite, pour sortir dans de bonnes conditions du marché. On abordera successivement leur fonctionnement et leurs grands enjeux. En parallèle, l'État favorise une meilleure prise en compte dans le monde du travail des questions de diversité, une meilleure intégration des travailleurs handicapés, et conduit des politiques volontaristes en matière de logement, pour favoriser la mobilité des salariés et améliorer les conditions de travail.

Réguler le marché du travail

Sur le marché du travail, l'année 2025 a été marquée par l'entrée en vigueur de nouvelles règles en matière d'assurance chômage, du fait de l'accord entre les partenaires sociaux, ayant reçu l'agrément du gouvernement en décembre 2024. Des discussions avaient eu lieu dès l'automne 2023, mais ont été prolongées afin de trouver un accord compatible avec la trajectoire de désendettement de l'Unédic, qui est l'association chargée par délégation de service public de la gestion de l'assurance chômage. Depuis 2019, date à laquelle toute évolution du régime doit respecter un cadre déterminé par le gouvernement[1], il s'agit de la troisième réforme, après les modifications de 2019 et de 2022. La première, adoptée en juillet 2019, a modifié les règles d'indemnisation (dégressivité de 30 % pour les hauts revenus, durée minimale de travail pour l'ouverture ou le rechargement des droits portée à six mois, modification des règles de calcul), intégré un dispositif pour lutter contre le recours aux contrats courts et renforcé l'accompagnement par Pôle emploi.

La deuxième réforme, principalement fondée sur une loi de décembre 2022[2], introduit un mécanisme de modulation de la durée d'indemnisation lié au niveau de chômage sur le marché du travail. Ainsi, si le taux de chômage est inférieur à 9 % et qu'il ne progresse pas, alors la durée d'indemnisation est réduite de 25 %. Si, en revanche, le taux de chômage progresse d'au moins 0,8 point par trimestre ou est supérieur à 9 %, alors les demandeurs d'emploi en fin de droits peuvent voir leur allocation majorée de 25 %. En 2025, trois changements majeurs sont intégrés au système : mensualisation

1. Loi n° 2018-771 du 5 septembre 2018 pour la liberté de choisir son avenir professionnel.

2. Loi du 21 décembre 2022 portant mesures d'urgence relatives au fonctionnement du marché du travail en vue du plein emploi.

du paiement, baisse de cotisation employeur, aménagements de dispositifs applicables aux seniors.

Sur le temps long, dans une conjoncture économique complexe, le régime d'assurance chômage français demeure relativement généreux par rapport aux systèmes en vigueur dans les autres économies avancées. C'est un choix collectif fort. Pour autant, depuis la crise économique de 2008, ce système a peiné à jouer un rôle pleinement stabilisateur. D'une réforme à l'autre, la soutenabilité financière du régime reste fragile, en particulier en cas de chocs macroéconomiques violents, comme la pandémie de Covid-19. Les réformes conduites depuis les années 2010 visent à modifier les paramètres du système, tout en améliorant son efficacité assurantielle et sa soutenabilité, dans le respect de sa gestion paritaire, par les représentants des salariés et des employeurs.

Ainsi, l'accent a été mis sur le caractère incitatif du système pour encourager le retour à l'emploi et des modulations ont été instaurées selon les types de contrats. En effet, la tertiarisation de l'activité, les changements technologiques et l'augmentation du coût du travail ont favorisé la multiplication de contrats de plus en plus courts. Or, ces contrats s'enchaînent le plus souvent au sein de la même entreprise (70 % des contrats courts sont des réembauches). Ces alternances de périodes d'emploi et de chômage ont toutefois un coût très élevé pour le système d'assurance. Cette situation alimente aussi la dualisation du marché du travail en maintenant dans une situation d'instabilité les salariés les plus modestes. Aussi, les évolutions des règles s'expliquent en partie par le souhait de recentrer l'assurance chômage sur sa mission centrale, plutôt que de subventionner l'instabilité de certains secteurs[3].

De manière prospective, l'avenir du système français d'assurance chômage s'écrira probablement un jour aussi dans un cadre européen renforcé. Une capacité budgétaire européenne commune a été instaurée dans la suite de la pandémie de 2020. Très centrée sur la relance économique, elle s'inscrit dans la suite d'une longue réflexion. Ainsi, dès 1977, le rapport MacDougall proposait un budget européen commun. Le débat autour de la mise en place d'une assurance chômage européenne se concentre essentiellement sur la question de la stabilisation économique. La majorité des propositions formulées dans ce cadre insistent sur l'idée d'un partage du risque macroéconomique, c'est-à-dire une logique de stabilisation individualisée par pays, plutôt qu'un dispositif s'adressant à la zone euro dans son ensemble. Concrètement, un pays confronté à une crise bénéficierait, durant une période déterminée, de transferts financiers destinés à soutenir son système d'indemnisation

3. Cahuc P. et Prost C. (2015), « Améliorer l'assurance chômage pour limiter l'instabilité de l'emploi », CAE.

du chômage. Ces transferts seraient alimentés par des contributions versées par l'ensemble des pays membres de la zone euro. Néanmoins, étant donné la forte corrélation des cycles économiques entre les pays européens, le dispositif devrait pouvoir alterner entre phases d'excédent et de déficit. Exiger un équilibre budgétaire annuel limiterait considérablement la capacité de stabilisation du système. Cela implique, en amont, la constitution d'un fonds alimenté par des cotisations[4].

Après le travail

Au bout du marché de travail, si l'on peut dire, se trouve le système d'assurance retraite, qui est le grand sujet politique expositif par excellence. « Il y a de quoi faire sauter les cinq ou six gouvernements qui seront amenés à s'en charger[5] », écrivait d'ailleurs Michel Rocard (1930-2016), Premier ministre de 1988 à 1991, dans un livre blanc publié lors de ses derniers mois à Matignon. Ainsi, pas moins de huit réformes des retraites se sont succédé depuis cette date. En 1993, la réforme Balladur passe la durée de cotisation nécessaire de 37,5 à 40 années et le salaire moyen de référence passe des dix

4. Bénassy-Quéré A. et Keogh A. (2015), « Une assurance chômage européenne ? », CAE.

5. Rocard M. (1991), « Livre blanc sur les retraites, Garantir l'équité, les retraites de demain ».

meilleures aux 25 meilleures années. En 1999, un fonds de réserve des retraites (FRR) est créé par le gouvernement de Lionel Jospin, Premier ministre de 1997 à 2002. En 2003, la réforme Fillon allonge la durée de cotation à 41 ans et conduit diverses harmonisations. Les régimes spéciaux voient ensuite leur fonctionnement aligné sur la fonction publique en 2008. Deux ans plus tard, en 2010, l'âge minimal légal de départ à la retraite est progressivement remonté à 62 ans et l'âge de départ à taux plein, même sans durée de cotisation requise, est remonté de 65 à 67 ans. Cette durée de cotisation passe elle-même à 41,5 ans, avec diverses mesures d'accompagnement.

En 2012, des aménagements sont mis en place pour les carrières longues et en 2014 la durée de cotation est relevée progressivement à 43 ans, avec de nouvelles mesures correctrices d'inégalités. La dernière réforme adoptée, qui définit le cadre en vigueur en 2025, est celle conduite par Elisabeth Borne, Première ministre de 2022 à 2024. Elle réhausse progressivement l'âge légal de départ à la retraite de 62 à 64 ans et la durée de cotisation à 43 ans. En revanche, l'âge de départ à taux plein, sans décote, reste fixé à 67 ans. Ainsi, de gouvernement en gouvernement, une tendance de fond à l'allongement se dessine, la différence résidant dans les mesures d'accompagnement et de lutte contre les inégalités qui sont ajoutées pour concilier efficacité du système et équité.

Ce système d'assurance retraite français est fragile mais demeure un bien précieux, pour assurer notre bien-être et notre développement harmonieux. Rappelons que le bureau international du travail (BIT) estime que 90 % de la population mondiale n'a pas accès à un système de retraite offrant un revenu suffisant pour vivre. Dans les pays de l'OCDE, la situation est bien différente, car les systèmes de retraite y sont généralisés, mais des contrastes existent. Si la pension nette y représente en moyenne 61 % du revenu net avant la retraite, ces taux varient de 35 % en Australie ou en Lituanie à 90 % aux Pays-Bas ou en Turquie. L'âge de départ à la retraite à taux plein pour une carrière complète, sans pénalité, y est en moyenne de 63,3 ans pour les femmes et de 64,4 ans pour les hommes[6].

Au sein de ces pays, des systèmes très différents sont en place. Une première grande distinction concerne celle entre les régimes par répartition et celle par capitalisation. Dans le cadre d'un système par répartition, le financement des pensions repose sur un principe de solidarité intergénérationnelle, les cotisations versées par les actifs servant à couvrir, en temps réel, les prestations des retraités. À l'inverse, les régimes par capitalisation reposent sur une épargne individuelle : les cotisations sont investies

6. OCDE (2023), « Panorama des pensions 2023 », *Les indicateurs de l'OCDE et du G20*, Éditions OCDE.

tout au long de la vie active, et le revenu de retraite provient du capital accumulé ainsi que des rendements issus de ces placements. Ces deux modèles, qui peuvent aussi se combiner, font l'objet d'un débat idéologique, chacun présentant des avantages et des limites qui nourrissent des controverses récurrentes quant à leur efficacité, leur équité et leur viabilité à long terme.

Plus fondamentalement, une deuxième distinction est celle entre les systèmes assurantiels et les systèmes assistanciels. Les premiers s'inspirent historiquement du modèle allemand mis en place par Otto von Bismarck (1815-1898), chancelier impérial de 1871 à 1890 à la fin du XIXe siècle, qui prévoit des pensions calculées en fonction des revenus perçus au cours de la vie active, reproduisant ainsi, de manière plus ou moins fidèle, la hiérarchie salariale. À l'inverse, le modèle assistanciel développé par William Beveridge (1879-1963) au Royaume-Uni promeut une approche universelle fondée sur l'égalité de traitement. Le système beveridgien attribue des prestations d'un montant uniforme, indépendamment du niveau de rémunération, mais conditionnées à la durée de cotisation. Il vise avant tout à garantir un minimum vital à l'ensemble des assurés, avec une logique de solidarité plutôt que de proportionnalité. Lord Beveridge reste, au demeurant, connu pour ses « trois U » : universalité de la protection (toute la population, tous les risques), uniformité des prestations, fondées sur les besoins, et unité de la gestion par l'État, grâce à un financement par l'impôt. Le modèle français combine ces deux systèmes : il est fondé sur le travail dans une logique assurantielle, tout en voyant une partie de son financement assuré par l'impôt pour préserver le caractère universel du système.

Une troisième distinction est celle entre les pays dont l'assurance retraite est fondée sur un mélange entre des systèmes publics et privés et ceux dont l'assurance relève presque exclusivement de dispositifs publics. Ainsi, selon l'OCDE, les États-Unis consacrent 5,5 % de leur PIB à financer le système privé d'assurance retraite et 7,1 % à leur système public, les deux fonctionnant par des mécanismes de capitalisation. L'Australie finance à parts égales des systèmes publics et privés, en versant environ 5 % à chacun. La France, en revanche, consacre 13,9 % de son PIB à des systèmes publics et seulement 0,3 % à des systèmes privés, même si de nouveaux types de placement sont fréquemment proposés[7]. Au niveau agrégé, le nombre de points de PIB concernés par le financement des systèmes de retraite est globalement proche, même si des efforts d'efficacité peuvent être engagés.

---

7. Ahado F., Cambou A. *et al.* (2022), « Les organismes de retraite professionnelle supplémentaire : un nouvel acteur pour l'épargne retraite des Français », Bulletin de la Banque de France.

Vivre au travail

L'intervention publique dans le monde du travail ne se limite pas aux systèmes assurantiels. Elle organise également le travail, en réglementant les relations individuelles (contrats, licenciement, etc.) et collectives (dialogue social, comité social et économique, etc.) de travail. Depuis le début des années 2000, un accent particulier a été mis sur l'intégration des salariés au sein de leur entreprise et la lutte contre les discriminations. Il s'agit d'un enjeu d'équité, mais aussi d'efficacité économique : élargir le vivier de recrutement pour une entreprise, au-delà des profils qu'elle a pris l'habitude de sélectionner par habitude au fil des années, assure une meilleure détection des talents à haut potentiel et donc plus d'innovation. En associant le plus largement possible tous les talents à la production, il devient ainsi possible de construire une économie plus innovante et qui répond aussi mieux aux besoins de la société, étant plus représentative de sa diversité[8]. Ces arguments d'équité et d'efficacité ont favorisé la construction de politiques dites de diversité, d'équité et d'inclusion (DEI), dans les entreprises, sous l'impulsion – notamment mais pas seulement – des autorités publiques.

En matière d'égalité professionnelle entre les femmes et les hommes, la loi impose une

8. Javarel X. (2023), *Marie Curie habite dans le Morbihan*, Seuil.

représentation équilibrée au sein des grandes entreprises (250 salariés ou un chiffre d'affaires supérieur à 50 millions d'euros), avec au moins 40 % de femmes dans les conseils d'administration[9]. Des dispositions ont également été introduites pour renforcer les négociations d'entreprise ou de branche en la matière et favoriser le partage des responsabilités parentales. Ainsi, les entreprises doivent assurer des rémunérations égales et celles de plus de 50 salariés sont tenues de publier un index de l'égalité professionnelle pour mettre en évidence d'éventuels écarts. Depuis 2021, de nouveaux objectifs ont été fixés, avec l'instauration de quotas parmi le personnel dirigeant des entreprises. Celles-ci doivent atteindre 30 % de cadres dirigeantes en 2027 et 40 % en 2030. Les entreprises de plus de 1 000 salariés doivent publier sur leur site internet leur écart à la cible. Pour autant, des inégalités demeurent. Par exemple, 75 % des salariés à temps partiel sont des femmes (26,8 % des femmes contre 8,7 % des hommes) et l'écart de revenu salarial est de 22,2 % (14,2 % à temps de travail identique). Ces chiffres sont tout de même en amélioration, car cet écart était de 29,7 % en 2012. Il s'explique notamment par la répartition genrée des professions : 96 % des

9. Loi n° 2011-103 du 27 janvier 2011 relative à la représentation équilibrée des femmes et des hommes au sein des conseils d'administration et de surveillance et à l'égalité professionnelle.

secrétaires sont des femmes contre 18 % des dirigeants d'entreprises[10].

Face à cette situation, un accent est désormais mis sur l'enseignement scolaire, pour faire naître des vocations chez les jeunes filles, et sur l'enseignement supérieur, pour les y accueillir dans de bonnes conditions. Si elles représentent 54 % des lycéens en seconde générale et technologique et sont donc exposées à des disciplines liées aux sciences, à la technologie, à l'ingénierie et aux mathématiques (STIM), elles ne sont que 43 % à choisir ces spécialités en première. Elles ne sont ensuite plus que 25 % après le baccalauréat. Cette sous-représentation des femmes dans les disciplines scientifiques prive nécessairement l'économie française de talents précieux. Son impact sur la croissance a été estimé à 10 milliards d'euros par an[11]. Pour corriger ce phénomène, l'éducation nationale travaille à changer les représentations en luttant contre les stéréotypes d'une part, et à agir avec des plans d'actions à tous les niveaux, de l'école primaire jusqu'aux centres de recherche d'autre part.

En France, un accent est traditionnellement mis depuis les années 1980 sur l'intégration à l'emploi des personnes handicapées, même si les résultats

10. Insee, *Tableaux de l'économie française*, 2024.

11. Sueur C. *et al.* (2025), « Filles et mathématiques : lutter contre les stéréotypes, ouvrir le champ des possibles », IGF, IGESR.

de ces politiques demeurent insuffisants. En effet, celles-ci continuent à accéder dans des conditions difficiles au marché du travail, d'autant que le handicap est souvent combiné avec un autre facteur (moindre mobilité géographique, niveau de formation plus limité ou âge plus élevé – 50 % des personnes concernées ont plus de 50 ans). Ainsi, 35 % des personnes handicapées inscrites à France Travail retrouvent un emploi dans les douze mois, contre 60 % pour les autres demandeurs d'emploi. Leur taux de chômage était de 12 % en 2022, contre 7 % pour la population générale, selon l'Insee. Pourtant le problème est bien connu depuis longtemps : la notion de travailleur handicapé a été introduite dans la loi en 1957 et la loi de 1987 a créé une obligation d'emploi de 6 % des effectifs. Celle-ci a été limitée par la suite aux entreprises de plus de vingt salariés. En 2005, une loi très structurante a affirmé le principe de non-discrimination et des maisons départementales des personnes handicapées (MDPH) sont notamment chargées d'évaluer l'employabilité des personnes et de les orienter. En 2020, une obligation, pour les entreprises, de publication de leurs statistiques d'emploi des personnes handicapées a été instaurée. Malgré ces efforts et de nombreux autres, seuls 29 % des entreprises concernées atteignent le seuil des 6 % des effectifs. La route reste donc longue, surtout qu'au-delà de l'entrée dans l'emploi, de nombreux défis restent à relever en matière de bien-être au travail ou d'accès aux emplois de management ou de direction pour les personnes handicapées.

Plus globalement, les politiques de non-discrimination se sont généralisées. Un peu plus d'une vingtaine de critères ont été identifiés comme discriminatoires et ne peuvent pas être utilisés pour un recrutement, puis tout au long de la relation de travail. On considère ainsi qu'il y a discrimination lorsqu'un employeur a traité différemment un salarié en raison de son origine, réelle ou supposée, de sa situation familiale, de son lieu de résidence, de sa religion, de son état de santé, etc. Pour autant, ces politiques ne se limitent pas à un traitement négatif de la diversité, il s'agit également de promouvoir une atmosphère où chacun peut trouver sa place. C'est la logique du label diversité. Créé par l'État en 2008, ce label reconnaît les structures luttant contre les discriminations et conduisant une politique active de promotion de la diversité, c'est-à-dire qu'elles font le premier pas face à leurs collaborateurs pour réaffirmer leur ouverture, rééquilibrant de ce fait la relation de travail, où le salarié n'a pas toujours les moyens de prendre la parole. Ce label a été attribué à des structures publiques (Conseil d'État, ministères, etc.) et privées. Surtout, il cohabite désormais avec de nombreux labels ou chartes ouvertes à la signature par des associations. Ainsi, de très nombreux employeurs ont signé la charte d'engagement LGBT+ de l'Autre cercle. Désormais, 60 % des personnes LGBT+ osent évoquer leur situation au travail, directement avec l'employeur ou avec des collègues, et ils sont 77 % à estimer leur organisation bienveillante. Pour autant, 53 % disent avoir été victime d'une insulte, de moqueries ou de propos vexants, et parmi eux 40 % n'en ont parlé à personne[12]. Il reste donc encore du chemin pour faire de l'entreprise un lieu où tout le monde peut être soi-même.

Ces quelques coups de projecteur, du chômage aux retraites en passant par les politiques d'inclusion, rappellent à quel point le travail continue d'occuper une place centrale dans notre société. Le préambule de la Constitution de 1946 citait, au demeurant, parmi les principes particulièrement nécessaires à notre temps, l'idée suivante : « Chacun a le devoir de travailler et le droit d'obtenir un emploi. » Cette formule synthétise bien notre rapport complexe au travail : entre fierté et obligation, entre nécessité et émancipation.

12. IFOP, « L'autre cercle » (2024), Baromètre LGBT+.

Chapitre 9
Sécurité, justice et défense : les liaisons dangereuses

Au tournant du siècle a émergé l'idée selon laquelle, au niveau local comme mondial, on parviendrait progressivement à un apaisement généralisé. Des spécialistes des relations internationales ou des hauts fonctionnaires ont cru à un redimensionnement des services publics de sécurité et de défense. Le développement économique mondial comme l'élévation du niveau de vie de chacun permettraient respectivement d'apaiser les régions du monde sous tension et les quartiers sensibles. Bien entendu, personne n'a imaginé qu'il n'y aurait plus ni police, ni justice, ni défense nationale, mais simplement que ces politiques deviendraient moins prioritaires.

On évoque souvent *La Fin de l'histoire* de Francis Fukuyama pour évoquer cette manière de voir le monde, qui était vive dans les années 1990, entre la chute de l'URSS et le 11 septembre 2001. Cette idée que le doux commerce, cher à Montesquieu, limite les conflits au niveau local comme mondial et que les gouvernements démocratiques se centrent sur le bien-être économique des populations est ancienne. Tocqueville dans sa *Démocratie en Amérique* (1840) relève ce mouvement lié aux idées démocratiques et au commerce : « À mesure que l'égalité, se développant à la fois dans plusieurs pays, y pousse simultanément vers l'industrie et le commerce les hommes qui les habitent, non seulement leurs goûts se ressemblent, mais leurs intérêts se mêlent et s'enchevêtrent, de telle sorte qu'aucune nation ne peut infliger aux autres des maux qui ne retombent pas sur elle-même, et que toutes finissent par considérer la guerre comme une calamité presque aussi grande pour le vainqueur que pour le vaincu. »

Pour autant, Tocqueville prévient aussi que les intérêts croisés peuvent engendrer des conflits de plus haute intensité : « Ainsi, d'un côté, il est très difficile, dans les siècles démocratiques, d'entraîner les peuples à se combattre ; mais, d'une autre part, il est presque impossible que deux d'entre eux se fassent isolément la guerre. Les intérêts de tous sont si enlacés, leurs opinions et leurs besoins si semblables, qu'aucun ne saurait se tenir en repos quand les autres s'agitent. Les guerres deviennent donc plus rares ; mais lorsqu'elles naissent, elles ont un champ plus vaste. »

Au fond, depuis ces écrits de la première moitié du XIXe siècle, ce double mouvement auquel nous faisons face reste le même. Dans les économies avancées, notre seuil de tolérance à la violence s'est abaissé, en même temps que la diminution de la violence quotidienne, et le ministre de l'Intérieur est interpelé avec vigueur sur le moindre fait divers, toujours considéré comme insupportable. Ainsi, le nombre d'homicides est en diminution tendancielle sur le long terme : il était de plus de 1 600 par an en France en 1996 contre 996 en 2023[1], mais chacun d'entre eux est vécu avec une émotion plus intense. De l'autre côté, nous vivons dans un monde plus incertain, plus volatil et plus complexe, où les guerres les plus spectaculaires à l'échelle de la planète côtoient sur nos écrans de télévision les attentats terroristes les plus douloureux, qui interviennent jusqu'au coin de la rue. Dès 1968, dans son *Guerre et paix dans le village planétaire*, Marshall McLuhan, philosophe et sociologue canadien, prévenait : « La guerre à la télévision signifie la fin de la dichotomie entre le civil et le militaire. »

De cette continuité dans les dangers sont nées les notions de « continuum de sécurité » ou de

1. Ministère de l'Intérieur (2024), Bilan Insécurité et délinquance en 2023, SSMSI.

« sécurité globale »[2], qui visent à mieux associer et encadrer acteurs locaux et nationaux, publics et privés, au service de notre sécurité collective. De service public régalien, dont les décisions stratégiques étaient réservées à quelques hommes d'État, notre sécurité collective est devenue partagée. Cette fragmentation est une double conséquence de la contrainte financière et de la constitution de réseaux de décideurs publics moins centralisés.

Économie de guerre

Côté finances, la contrainte est ancienne, mais les solutions sont plus raisonnables. Nombre de guerres du XIXe siècle ont été financées par l'endettement. La Première Guerre mondiale est un exemple bien documenté d'usage de la planche à billets pour financer l'effort, avec des conséquences inflationnistes, qui appauvrissent l'économie dans son ensemble. La mécanique est implacable : lors d'un conflit traditionnel, l'État commence par utiliser ses fonds pour financer son implication dans le conflit, puis lorsqu'ils viennent à manquer, s'endette auprès du secteur bancaire. En France, c'est la « haute banque[3] » parisienne qui jouait ce

2. Thourot A, Fauvergue J.-M. (2018), « D'un continuum de sécurité vers une sécurité globale », rapport de la mission parlementaire.

3. Stoskopf N. (2000), « Qu'est-ce que la haute banque parisienne au XIXe siècle ? »

rôle, mais ces établissements ont aussi leurs limites. C'est la raison pour laquelle le gouvernement se tourne alors vers ce qu'on appelle aujourd'hui la banque centrale, c'est-à-dire l'institution chargée d'émettre les billets. En raison de leur place dans le financement de l'économie et de leur capacité de création monétaire, les banques centrales ont une puissance financière sans pareil, même si ce sont encore souvent des banques détenues par des actionnaires privés. Walter Bagehot, éditorialiste chez *The Economist*, signalait ainsi à l'époque que la Banque d'Angleterre était « d'une telle importance [qu'elle] aurait pu absorber toutes les autres banques de Londres, leur capital et leurs réserves, et que malgré tout, son propre capital n'aurait pas été épuisé[4]. »

Le financement monétaire de la guerre a toutefois un inconvénient majeur : il augmente significativement la quantité de monnaie en circulation, alors que dans le même temps la guerre empêche tout développement économique. Cette augmentation de la masse monétaire se traduit par un soutien temporaire à l'activité à court terme, mais ne réhausse pas les déterminants d'une croissance de long terme. En d'autres termes, la hausse de la quantité de monnaie se traduit inévitablement par

4. Bagehot W. (1874), *Lombard Street, Des crises financières et du moyen d'y remédier*, Payot.

une hausse des prix. Lorsqu'elle devient durable et généralisée, on parle d'inflation, qui se traduit par une perte de repères de prix pour les agents économiques – lesquels prennent alors des décisions moins adaptées à leurs besoins –, mais aussi par une augmentation des inégalités et une perte de valeur de la monnaie dans le système international. En un mot : c'est toute une société qui s'appauvrit. Dès l'entre-deux-guerres, le phénomène est bien compris par les banquiers centraux, qui y voient surtout un risque pour leur propre crédibilité, et se font donc plus résistants face aux demandes d'avance du gouvernement. Ainsi, en 1926, Émile Moreau, qui est alors gouverneur de la Banque de France, inscrit dans son journal que « le Conseil des ministres s'est montré très mécontent de l'attitude de la Banque de France et qu'il a envisagé sa transformation en Banque d'État[5] ».

Dans la seconde moitié du XXe siècle, les contraintes du système de Bretton Woods puis la nécessité de stabiliser le système flottant à partir de 1971 interdisent le recours à ce type de mécanismes. La sécurité devient donc un service public comme un autre, soumis à une contrainte de financement bien réelle. Dans les lois de finances

5. Moreau E. (1954), « Souvenirs d'un gouverneur de la Banque de France, Histoire de la stabilisation du franc (1926-1928) », Génin.

françaises, elle continue tout de même à occuper une place de choix. Ainsi, la seule mission « Défense » représentait en 2017 32,3 milliards d'euros et 47,2 milliards d'euros en 2024. Ces chiffres impressionnants peuvent tout de même être relativisés. En effet, ils représentent environ 2 % du PIB, quand les pensions de retraite dépassent les 14 % et les dépenses de santé et de maternité 12 %[6]. Les dépenses de justice et de sécurité intérieure s'établissent, quant à elles, à 1,7 % du PIB, avec 25,4 milliards d'euros pour la sécurité intérieure et 11,9 milliards d'euros pour la justice en 2024.

Le cas du financement de la justice est un bon exemple des tendances de fond. En France, les fonds alloués à la justice sont en permanente augmentation : ils étaient de 7,8 milliards d'euros en 2024, soit une progression de l'ordre de 3 milliards d'euros en dix ans. Au-delà des tribunaux, ils permettent, par exemple, le fonctionnement de l'administration pénitentiaire[7]. Pour autant, les fonds engagés restent encore trop limités par rapport à nos voisins européens, comme l'Italie, l'Espagne ou le Royaume-Uni. Ainsi, en 2024,

---

6. Fipeco, « La définition, le niveau et la répartition des dépenses publiques », juillet 2024.

7. Gomez T. et Pineau A. (2024), *Le système pénitentiaire français*, Armand Colin.

la France dépense en moyenne 77,20 euros par habitant pour la justice, c'est légèrement au-dessus de la médiane de 74,80 euros dans une étude qui rassemble 44 pays conduite par le Conseil de l'Europe, donc bien au-delà des grandes économies avancées[8]. Surtout, cette médiane augmente nettement plus vite que la capacité de la France à soutenir son budget pour la justice. Ainsi, en 2014, la France dépensait 65,5 euros par habitant pour ses tribunaux, mais la médiane était alors de 45,90 euros. Le pays a plus de difficultés à financer son système judiciaire, alors qu'il y consacre une part plus faible de son PIB : 0,20 % contre 0,28 % pour les autres pays européens.

On peut donc évidemment se féliciter de la variation à la hausse des moyens dédiés à la justice, ce qui signifie que des efforts ont été inévitablement consentis ailleurs, mais il est difficile de se satisfaire de cette situation, qui reprend un schéma si souvent observé dans les services publics. D'un côté, les professionnels concernés demandent plus de fonds pour exercer leur métier dans des conditions correctes. Ils disposent d'indicateurs édifiants et de comparaisons internationales peu flatteuses. Pour la justice, on peut évoquer par exemple le fait que la France compte seulement 11,3 juges pour 100 000 habitants, alors que la médiane

8. Conseil de l'Europe, Commission européenne pour l'efficacité de la justice, cycle d'évaluation 2024, septembre 2024.

du Conseil de l'Europe est à 17,6, et seulement 3,2 procureurs quand la médiane est à 11,2, ce qui place la France, pour ce dernier chiffre, en avant-dernière position. Pire encore, les procureurs français doivent traiter chacun dix fois plus de dossiers que la médiane européenne. Face à cette situation, les professionnels concernés s'insurgent et interpellent les pouvoirs publics. De l'autre côté, dans un contexte budgétaire contraint, où chaque euro compte, il n'y a que de la bonne volonté et les ministres successifs rappellent que le budget concerné est en constante augmentation.

Les multiples visages de la sécurité

Face à la multiplicité des menaces pour notre sécurité, l'action publique peut désormais répondre par des voix plurielles. De la construction européenne à la décentralisation, en passant par la création d'agences publiques, qui démembrent les ministères, les autorités publiques sont désormais riches de leur diversité[9]. On aurait pu imaginer que ce phénomène touche peu les questions de sécurité compte tenu de leur dimension régalienne forte, mais c'était sans compter sur le souhait d'apporter une réponse politique la plus forte possible et à tous les niveaux.

---

9. Sur la décentralisation, voir chapitre 11 sur les politiques de modernisation.

À l'échelle internationale et européenne, les alliances militaires ou de sécurité sont anciennes. Elles se traduisent désormais par l'organisation de mécanismes de coopération très structurés qui permettent d'échanger des informations, de former les cadres nationaux, voire d'organiser des actions de terrain. De nos jours, l'Alliance atlantique demeure le cadre d'action privilégié. Si l'Union européenne s'est dotée d'un projet économique solide et constitue un véritable marché, elle reste toujours perçue comme faiblement cohérente du point de vue politique, en particulier sur les thèmes régaliens. Dans les faits, elle est assez peu considérée dans le grand jeu international, contrairement à certains de ses États membres comme la France ou l'Allemagne. De fait, l'Union est l'un des acteurs dominants des échanges internationaux, compte tenu de la taille de son marché intérieur de 449,2 millions de consommateurs, et la zone est relativement plus ouverte que les États-Unis. Cette difficulté historique de l'Union européenne à peser comme acteur autonome est paradoxale, du fait des tensions géopolitiques qui l'entourent. Du traumatisme des guerres de Yougoslavie (1991-2001) au déclenchement de la guerre en Ukraine en février 2022, en passant par les conflits au Proche-Orient, les Européens ne manquent pas d'excellentes raisons de travailler ensemble à leur sécurité collective.

Il est aussi vrai qu'ils ont essayé à de nombreuses reprises et que le souvenir d'échecs successifs ne favorise pas les initiatives. Ainsi le rejet par la France du projet de communauté européenne de défense en 1954, puis l'échec en 1961 du plan Fouchet, qui aboutira a minima à un renforcement de la coopération franco-allemande par le traité de l'Élysée de 1963, restent dans la mémoire des experts du secteur. De même, l'Union européenne occidentale (UEO), active de 1954 à 2011, n'eut qu'un rôle marginal à côté de l'OTAN. Depuis 1992, l'Union européenne s'inscrit tout de même dans le cadre renouvelé de la politique étrangère et de sécurité commune (PESC) et de la politique de sécurité et de défense commune, créée en 2004. L'Union peut conduire des missions conjointes en matière de désarmement, des missions humanitaires, des missions de conseil et d'assistance en matière militaire ou de prévention des conflits. Surtout, elle peut engager des forces de combat pour la gestion des crises à des fins de maintien de la paix ou de stabilisation. En parallèle, sur son territoire, l'Union européenne s'est fixé depuis le traité d'Amsterdam de 1997 l'objectif de créer un espace de liberté, de sécurité et de justice, plus ambitieux que la coopération policière et judiciaire en matière pénale qui prévalait jusque-là. Cela se traduit par la construction d'une politique relative aux frontières extérieures de l'Union (Frontex), de politiques communes en matière de visas, d'immigration, d'asile, d'interception des communications ou encore de lutte contre le terrorisme.

Depuis 2020, un parquet européen a même été créé pour enquêter sur les fraudes au budget de l'Union, mais il ne rassemble pas encore tous les États membres.

De l'autre côté du spectre de l'action publique, les autorités territoriales n'ont cessé de renforcer leur rôle en matière de sécurité, ce qui reflète les préoccupations des électeurs et les débats publics locaux. S'il existe des polices municipales depuis l'Ancien Régime, elles ont pris des visages différents selon les époques. Paris est dans une situation spécifique puisque, dès le XVIIe siècle, un lieutenant-général de police exerce le pouvoir de police. En 1800, il deviendra le préfet de police. Sous la IIIe République, la loi du 5 avril 1884 instaure des commissariats de police municipale, dont le commissaire est nommé par l'État et les agents par le maire. À partir de 1941, les polices des villes de plus de 10 000 habitants relèvent entièrement de l'État. Il faut ensuite attendre la fin du XXe siècle pour que le mouvement s'inverse. En 1982, le rapport Bonnemaison[10] souligne le rôle des acteurs de proximité dans la prévention et fait du maire un coordonnateur de leur action. En 1994, Charles Pasqua, ministre de l'Intérieur, fixe un cadre d'emploi pour les agents de police municipale et une loi de 1999 en détermine

10. Commission des maires sur la sécurité, « Face à la délinquance : prévention, répression et solidarité », coordonnée par Gilbert Bonnemaison, député-maire d'Épinay-sur-Seine.

les contours actuels. Tel que défini alors, leur rôle consiste principalement à assurer une présence et à rendre compte aux officiers de la police nationale ou de la gendarmerie des infractions qu'ils constatent.

Le débat porte désormais sur la nécessité d'armer ou non les 27 000 policiers municipaux employés par les 4 500 communes qui en disposent et plus globalement d'élargir leurs prérogatives (fouilles, contrôles d'identité, etc.). Le code de sécurité intérieure définit limitativement les armes qu'ils peuvent être autorisés à porter, des générateurs d'aérosols lacrymogènes jusqu'aux armes à feu. Les inquiétudes des électeurs en matière de sécurité ont même poussé les autres collectivités locales, comme les départements et les régions, dont la sécurité n'est pourtant pas une compétence, à se saisir de sujets connexes. Ainsi, les régions, qui assurent le fonctionnement des lycées et des transports sur leur territoire, mettent l'accent sur leur sécurisation, en faisant appel à des services de sécurité privée. Ces entreprises, qui emploient quelque 200 000 personnes en France, se déploient dès le XIXe siècle, mais leur utilisation de manière industrielle pour assurer une présence, effectuer des contrôles ou opérer des systèmes de surveillance relève d'un phénomène local contemporain, qui fait écho au développement de sociétés militaires privées, qui d'un pays à l'autre disposent de prérogatives variées, allant de la formation au renseignement, en passant par le mercenariat pur et simple. En France, le rôle des entreprises de services de sécurité et de défense (ESSD) est encore contenu, mais en expansion.

De la sécurisation des établissements scolaires aux alliances militaires internationales stratégiques, la sécurité devient l'affaire de tous les acteurs publics et privés. Si la contrainte budgétaire publique en est l'une des origines, elle n'en est pas la cause principale, comme en témoigne l'exemple des États-Unis, où État fédéral comme agences et sociétés privées dépensent sans compter. Dans ce monde plus incertain et volatil, où les territoires des pays les plus développés ne sont pas épargnés, chacun tente d'appréhender du mieux qu'il peut ces défis nouveaux, où les tensions du bout du monde peuvent se matérialiser au coin de la rue.

REGAIN DES TENSIONS

Une des évolutions caractéristiques des enjeux de sécurité et de défense est la part très significative qu'ont pris les services de renseignement dans l'architecture globale. Le renseignement constitue désormais une des cinq fonctions stratégiques de la défense et de la sécurité nationale[11]. Cette fonction

11. Guehenno J.-M. (2013), commission du libre blanc, présidence de la République, Livre blanc sur la défense et la sécurité nationale.

de « connaissance et d'anticipation » le place ainsi au centre du jeu, aux côtés des fonctions de dissuasion, protection, prévention et d'intervention. Si les services ont, de longue date, un accès direct au sommet de l'État, le renforcement de leur rôle est aussi un miroir de notre époque. Alors que nous ne disposions jadis que d'une information difficilement accessible car rare et lointaine, nous vivons désormais dans un monde d'information surabondante, où l'enjeu est d'identifier la bonne information au bon moment parmi des millions de données disponibles simultanément. C'est la raison pour laquelle des investissements massifs ont été consentis pour renforcer les équipes de traitement de données en parallèle de l'accent traditionnellement mis sur le renseignement humain. La loi de programmation militaire pour la période 2024-2030 prévoit ainsi un budget de 5 milliards d'euros, triplant celui des services de renseignement rattachés au ministère des armées, avec un accent mis sur la direction générale de la sécurité extérieure (DGSE), qui se positionne désormais comme la locomotive technologique du renseignement. Dans ce contexte de mutations, la communauté française du renseignement dispose désormais d'un coordinateur national du renseignement et de la lutte contre le terrorisme, créé en 2008 et rattaché directement au président de la République. Il siège au Conseil national du renseignement, créé en même temps que lui, qui rassemble les six services spécialisés de renseignement français[12].

Au-delà des enjeux informationnels, la sécurisation du territoire national et des intérêts français reste une affaire de terrain et les armes d'aujourd'hui ne sont pas moins chères que celles d'hier, c'est même plutôt le contraire, tant la course à la technologie s'accélère. À titre d'exemple, le prix d'un sous-marin nucléaire lanceur d'engin (SNLE), comme Le Triomphant, a vu son prix évoluer autour de 4,3 milliards d'euros, selon le comité des prix de revient des fabrications d'armement de l'Assemblée nationale (hors du coût des têtes nucléaires), et le chiffre de 9 milliards d'euros est régulièrement évoqué pour les six sous-marins d'attaque (SNA) de classe Suffren. Grâce à ces investissements, la France est l'un des pays qui dépense le plus pour sa défense, avec un budget de dépenses militaires de l'ordre de 61 milliards de dollars en 2023, soit 2,1 % de son PIB. Pour autant,

12. La direction générale de la sécurité extérieure (DGSE), la direction du renseignement et de la sécurité de la Défense (DRSD) et la direction du renseignement militaire (DRM), rattachées au ministère des Armées, la direction générale de la sécurité intérieure (DGSI), rattachée au ministère de l'Intérieur, direction nationale du renseignement et des enquêtes douanières (DNRED) et le service TRACFIN, rattachés au ministre de l'Économie et des Finances.

ce montant était le même en 2010, il représentait alors 2,5 % du PIB, ce qui signifie que les augmentations de crédit de la seconde moitié des années 2010 ont simplement permis de rattraper les coupes de la période 2008-2015 et que la progression de l'engagement financier a été inférieur à la croissance du PIB français. Cela alors même que des pays comme le Royaume-Uni ont su maintenir leur positionnement, passant de 57 milliards de dollars à 74 milliards de dollars. L'Allemagne, qui accusait un retard important pour son autonomie en matière de sécurité, est passée, quant à elle, d'un budget militaire de 46,8 milliards de dollars en 2010 à près de 67 milliards en 2023[13] et a fait de nouvelles annonces en 2025.

Dans ce contexte, la France risque donc de faire face à d'importantes difficultés de financement de ses services de sécurité et de défense. Cela s'ajoute au fait que, dans un contexte budgétaire contraint, il est difficile de donner la priorité à des dépenses par nature très élevées et dont l'utilisation semble toujours incertaine, tant il est souhaitable de ne pas y avoir recours. L'augmentation des risques durant les années 2010 explique les efforts budgétaires

13. SPIRI Fact Sheet (2024), Trends in World Military Expenditure, 2023.

nouveaux, lesquels font désormais, au moins à moyen terme, l'objet d'un relatif consensus. C'est heureux car les défis et les menaces sont nombreux. La menace terroriste est loin d'avoir disparu et certains États franchissent des limites en matière de prolifération d'armes nucléaires. C'est notamment le cas de l'Iran et de la Corée du Nord, lesquels apportent, au demeurant, un soutien à la Russie, qui offre en contrepartie des transferts de technologie. La fourniture par l'Iran de drones et de missiles à des groupes armés au Proche Orient participe à la déstabilisation de cette région, où l'Irak reste instable et la Syrie entre dans une phase de recomposition. Face à ces menaces, la Russie et ses alliés favorisent une hybridation des conflits, en s'ingérant dans la vie civile des pays qu'elle cible. Les exemples de manipulation des cycles électoraux en Europe centrale et dans les Balkans, en utilisant les réseaux sociaux, ne sont qu'un exemple parmi d'autres. Ainsi, l'espace numérique devient un nouveau champ de bataille.

De la sécurité intérieure à la menace extérieure, notre vigilance collective doit désormais être constante. Les réorganisations conduites dans le premier quart du XXIe siècle et les efforts importants consentis par les services concernés doivent désormais laisser place à une phase de consolidation, tant les enjeux régaliens sont forts. Cela dans un environnement marqué par le retour des conflits de haute intensité, où la formule de Clausewitz est plus que jamais d'actualité : « La guerre est la continuation de la politique par d'autres moyens[14]. » Assurément, à l'approche de 2030, guerre, sécurité, justice et politique s'entremêlent toujours plus dangereusement.

14. Clausewitz C. (1832), *De la guerre.*

Chapitre 10
Bien commun, entreprises privées et innovation

Lorsqu'on pense au service public, on ne pense pas immédiatement aux entreprises, mais plutôt aux ménages et aux enjeux de protection sociale, de logement ou d'éducation. Pourtant le soutien public aux entreprises représente une part très significative des fonds engagés par l'État et les organismes de sécurité sociale. Ainsi, en France, si les dépenses publiques représentent 58,3 % du PIB, les dépenses « affaires économiques », qui regroupent toutes les aides aux entreprises[1], représentent en particulier 6,7 % du PIB. C'est moins que la protection sociale (32,9 %), mais c'est plus que l'enseignement (5,2 %), la protection de

1. Ce pourcentage comprend aussi l'énergie et les transports.

l'environnement (1,1 %), la sécurité intérieure et la justice (1,8 %), ou les armées (1,8 %)[2]. Ces ordres de grandeur se retrouvent dans les autres États membres de l'Union européenne. Autrement dit, le soutien aux entreprises est au cœur de l'action publique. En première analyse, il peut y avoir un paradoxe apparent à considérer qu'une des plus grandes parts de l'argent public est orientée vers des entreprises privées, lesquelles n'ont pas d'autres vocations que de réaliser des profits privés. Pour favoriser la croissance économique, en même temps que pour lutter contre les changements climatiques, pour assurer un haut niveau de protection de la santé, améliorer les modes d'alimentation et, plus globalement, pour offrir aux consommateurs des biens et services toujours plus adaptés, les États dans les économies contemporaines n'ont en réalité pas d'autre choix que de soutenir les entreprises et en particulier celles qui innovent.

Innover consiste à proposer des biens et services nouveaux, voire des procédés de conception nouveaux, afin d'être plus efficaces, plus efficients, plus propres et de mieux répondre aux préférences des agents économiques[3]. L'économiste autrichien Joseph Schumpeter (1883-1950) a été le premier à s'intéresser au rôle de l'innovation

2. Données Insee sur le budget 2022.

3. Guelec D. (2017), *Économie de l'innovation*, éditions La Découverte.

dans la dynamique économique. Il distingue trois étapes successives. D'abord, l'invention correspond à la production d'un bien ou service nouveau, grâce à l'élaboration d'un nouveau procédé ou la découverte de connaissances. Ensuite, l'innovation correspond à la mise sur le marché, c'est-à-dire à l'entrée effective dans le monde économique d'une invention. Enfin, la diffusion consiste en la généralisation du dispositif nouveau.

Parmi les innovations, le débat public se focalise sur celles relevant de procédés techniques et scientifiques. Si les innovations industrielles ont largement soutenu le développement des économies avancées au XXe siècle, ce sont désormais les innovations de la révolution numérique (informatique, réseau internet, intelligence artificielle, robotique, etc.) qui modifient les modes de production et de consommation. De même, les innovations en santé ont aussi montré lors de la pandémie de Covid-19 leur impact majeur (vaccins à ARN messager, techniques de test). Pour autant, aux termes du manuel d'Oslo de l'OCDE[4], qui constitue un document de référence en la matière, les innovations peuvent être d'organisation ou de marketing, elles peuvent être reflétées par le produit fini ou n'être qu'une amélioration du procédé de fabrication. Une innovation peut donc aussi bien toucher

4. OCDE (2018), *Manuel d'Oslo, lignes directrices pour le recueil, la communication et l'utilisation des données sur l'innovation,* 4e édition.

à l'industrie qu'au commerce, à l'artisanat ou au tourisme. Elle peut être produite par une grande entreprise, aussi bien qu'une petite ou moyenne entreprise (PME), voire par une jeune entreprise innovante (start-up). Ces dernières étant désormais d'importantes contributrices à l'innovation française, comme en témoigne leur rachat fréquent par de grands groupes fondant désormais leur stratégie d'innovation sur une logique d'acquisition externe, laquelle évite de laisser de potentiels concurrents prospérer.

Soutien aux entreprises et prospérité économique

Sur le plan macroéconomique, les politiques de soutien à l'innovation des entreprises favorisent l'émergence d'une croissance intelligente, durable et inclusive. Le lien fort entre innovation et croissance constitue un argument de premier plan en faveur de la mise en place de politiques publiques de soutien à l'innovation. En effet, la croissance économique, entendue comme une augmentation durable des richesses produites, peut être stylisée sous forme d'une fonction de type Cobb-Douglas, où les facteurs capital et travail peuvent voir leur productivité augmenter[5]. La productivité globale

5. Solow R. (1956), « A Contribution to the Theory of Economic Growth », *Quarterly Journal of Economics.*

des facteurs (PGF) explique la part de la croissance qui n'est pas liée à l'accroissement des facteurs de production, elle est fondamentalement liée au progrès technique. Elle peut être appréhendée *via* le nombre de brevets déposés, le niveau de qualification de la population active ou encore le montant des dépenses en recherche et développement (R&D), lesquels signalent une dynamique d'innovation. Ainsi, à titre d'exemple, sur le temps long, le décollage économique industriel du Royaume-Uni dès le début du XVIIIe siècle s'explique notamment par la révolution financière de 1694 portée par la création de la Banque d'Angleterre. Plus globalement, l'invention d'institutions financières stables (bourse de valeurs, assurances, banques commerciales, presse financière) lui donna un avantage compétitif sur les autres pays européens. Ceux-ci ne commencèrent la Révolution industrielle qu'au début, voire au milieu du XIXe siècle.

La course à l'innovation économique est aussi un enjeu de relations internationales pour la France en tant qu'économie avancée, qui doit en effet se maintenir à la frontière technologique[6], c'est-à-dire au meilleur niveau de connaissances mondiales, ou s'en rapprocher le plus possible dans les secteurs dans lesquels elle a pris du retard

---

6. Aghion P., Askenazy P. et Cette G. (2009), « Distance à la frontière technologique, rigidités de marché, éducation et croissance », *Économie et statistique*.

par rapport aux autres économies européennes, nord-américaines et asiatiques. Ainsi, les politiques publiques de soutien à l'innovation s'inscrivent plus globalement dans la politique de développement international de la France. C'est la raison pour laquelle la « French Tech », mission de la direction générale des entreprises (DGE), est chargée de promouvoir les start-up françaises bien au-delà du territoire national. De même, le ministère de l'Europe et des Affaires étrangères s'est doté d'une direction de la diplomatie économique.

Pour autant, ce soutien à l'innovation s'inscrit dans une logique de coopération économique internationale. La France doit en particulier assurer la conformité de ses dispositifs au cadre européen de concurrence. C'est pourquoi une politique de soutien horizontale est préférée à une politique de soutien verticale : l'enjeu n'est pas de privilégier un secteur ou une entreprise plutôt qu'un autre, ce qui introduirait des distorsions de concurrence. Surtout, adopter une logique verticale qui viserait à financer une filière plutôt qu'une autre nécessiterait pour l'État de déterminer *ex-ante* les types d'innovations utiles à la société. Or, la transformation numérique de la société a montré qu'il était très difficile, voire impossible de déterminer en amont la forme que prendront les innovations à venir. Le fait que les pays européens aient privilégié jusqu'au début des années 1990 une vision verticale des politiques de soutien est une des raisons avancées pour expliquer qu'aucune des innovations de la révolution numérique ne soit née en Europe. Désormais, ce sont donc des politiques horizontales qui sont privilégiées : les acteurs économiques sont mis en concurrence et ont tous le même accès aux dispositifs de soutien (pôles de compétitivité, produits bancaires de la banque publique d'investissement (Bpifrance), appels à projets ouverts à tous, etc.).

Au niveau mondial, l'action de la France en matière d'innovation s'inscrit dans la ligne des engagements qu'elle a pris dans le cadre du G7 et d'autres enceintes multilatérales. Une déclaration des dirigeants du G7, à Kananaskis, au Canada, en juin 2025 place ainsi l'innovation au rang de priorité pour les États membres, avec notamment la volonté de développer de manière responsable l'intelligence artificielle (IA). Cette coopération est toujours compatible avec les règles européennes de concurrence, dès lors que les gains partagés sont évalués supérieurs à la perte d'efficacité liée à la baisse de concurrence[7]. De même, la coopération publique internationale est nécessaire pour des programmes d'envergure et de long terme, comme les travaux sur la fusion nucléaire conduits au réacteur thermonucléaire expérimental international (ITER) par le Commissariat à

7. Combe E. (2022), *La Concurrence*, 2e édition, Presses universitaires de France.

l'énergie atomique (CEA) depuis 2007 dans les Bouches-du-Rhône.

Sur le plan théorique, l'intervention de l'État est justifiée en matière de financement de l'innovation par les multiples défaillances de marché. Les observations empiriques mettent en évidence un problème de sous-financement de l'innovation dans l'économie française. La part de dépenses intérieures en R&D des entreprises (DIRDE) dans le produit intérieur brut (PIB) reste très hétérogène d'un pays à l'autre. Si elle est de 2,1 % aux États-Unis et en Allemagne, elle n'est que de 1,4 % en France, soit un niveau inférieur à la moyenne des pays de l'OCDE. Ce sous-financement privé de l'innovation s'explique par deux mécanismes microéconomiques, lesquels justifient l'intervention publique : l'existence d'externalités positives qui limitent les incitations, et celle d'asymétries d'informations qui rendent difficile l'évaluation des risques. Précisons cela.

L'existence d'objectifs de politique économique favorables à l'innovation ne sous-tend pas nécessairement des actions de la part des autorités publiques dès lors que le libre jeu de l'offre et de la demande parvient de lui-même à fournir les rendements nécessaires. En effet, en microéconomie classique, sous conditions de concurrence pure et parfaite, l'équilibre de marché aboutit à un optimum de Pareto, c'est-à-dire à une situation où toutes les richesses ont été consommées et où il n'est plus possible d'améliorer le bien-être d'un agent économique sans dégrader celui d'un autre. En d'autres termes, il s'agit d'une situation où tous les échanges mutuellement avantageux ont été effectués et où il n'est plus possible rationnellement d'effectuer une transaction supplémentaire. Ce lien de causalité entre équilibre concurrentiel et optimum de Pareto est un important résultat de la théorie de l'équilibre général puisqu'il permet de conclure, au moins théoriquement, à la supériorité de l'équilibre de marché sur les autres formes d'organisation de la production[8].

Ce premier théorème de l'économie du bien-être, tel qu'il ressort des travaux de Kenneth Arrow et Gérard Debreu, prix Nobel d'économie respectivement en 1972 et 1983, comporte toutefois en lui-même ses propres limites : une intervention externe est nécessaire pour améliorer le fonctionnement du marché lorsque les cinq conditions de concurrence pure et parfaite ne sont pas réunies (homogénéité de la production, atomicité des agents économiques, mobilité, libre entrée et libre sortie, transparence de l'information). Ces conditions sont exigeantes et leur matérialisation le plus souvent relative rend nécessaire une intervention externe au marché. De même, des défaillances

---

8. Wasmer E. (2017), *Principes de microéconomie, méthodes empiriques et théories modernes*, Pearson.

de marché bien connues des économistes (externalités, biens publics, asymétries d'information) peuvent permettre de conclure à la nécessité d'une intervention par un tiers. S'il peut s'agir de toute organisation collective, comme des fondations ou des associations, il s'agit le plus souvent en Europe de l'État ou d'autres acteurs publics compte tenu de leur organisation ancienne et des moyens dont ils disposent[9].

Considérons désormais le financement de l'innovation comme un marché spécifique. Celui-ci est pénalisé par des externalités positives[10] fortes qui diminuent son efficacité. Cela signifie que le bien-être collectif dégagé par l'innovation est supérieur au bien-être privé du seul agent économique la produisant. En d'autres termes, le gain pour la société des dépenses de R&D est supérieur au gain pour leur seul producteur. Cela aboutit à une situation où les dépenses privées de R&D sont structurellement inférieures à leur niveau théorique à l'optimum social. Cette externalité s'explique par le fait que malgré l'existence de brevets et d'autres droits de propriété, les entreprises productrices de R&D ont des difficultés à s'approprier exclusivement les résultats de leurs travaux. Elles ont donc un

---

9. Bozio A. et Grenet J. (2017), *Économie des politiques publiques*, La Découverte.

10. Meade J. (1952), « External Economies and Diseconomies in a Competitive Situation », *The Economic Journal*.

intérêt de court terme à imiter leurs concurrents ou à innover à la marge et donc à moindre coût[11]. Dans les économies avancées, où les entreprises ne sont pas dans une logique de rattrapage technologique, cette externalité est renforcée par des coûts fixes élevés et par les fortes incertitudes sur la capacité des processus de R&D à produire effectivement des innovations. C'est notamment le cas dans l'industrie et dans la santé. Ces projets étant également le plus souvent de longue durée, des problèmes de maturité des financements sont relevés, avec un risque de rationnement du crédit[12].

De surcroît, les problèmes informationnels sont une caractéristique forte du financement des entreprises. Plus spécifiquement, des asymétries d'information sur les caractéristiques des entreprises rendent difficilement évaluables les risques financiers et pèsent donc sur toute décision de financement ou d'investissement, en particulier en matière d'innovation. En effet, l'économiste américain George Akerloff, prix Nobel d'économie en 2001, a montré en 1971 que des informations inégalement réparties entre les agents économiques

---

11. Arrow K. (1962), « Economic Welfare and The Allocation of Resources for Invention » in NBCER, *The Rate and Direction of Inventive Activity: Economic and Social Factors*, Princeton University Press.

12. Hall H. (2002), « The Financing of Research and Development », *Oxford Review of Economic Policy*.

sur leur comportement ou sur les biens et services présents sur un marché pouvaient donner lieu à des décisions incohérentes, génératrices de sous-productivité, de prise de risque (aléa moral) ou d'assèchement du marché (antisélection)[13].

Pour limiter ces asymétries d'information lors de l'octroi d'un financement ou lors d'une décision d'investissement, les investisseurs disposent d'une palette de méthodes (modèles internes, agences de notation) pour évaluer les risques d'une décision financière. Or, les projets innovants portés par les entreprises sont rarement les mieux valorisés par les analystes. En effet, le rendement de ces projets est souvent de trop long terme pour être bien appréhendé par les banques et les marchés, lesquels jugent également le risque financier trop élevé, car par définition la démarche d'innovation comporte une forte part d'incertitudes. Malgré tout, certains acteurs de marché se sont spécialisés dans la gestion de ce risque. Ainsi, le capital-risque, ou *venture capital*, consiste précisément à financer les jeunes entreprises à fort potentiel de croissance, grâce à une connaissance précise des zones de risque (marché trop étroit, technologie moins prometteuse qu'envisagé, trésorerie

13. Akerlof G. (1970), « The Market for 'Lemons': Quality Uncertainty and the Market Mechanism », *The Quarterly Journal of Economics.*

insuffisante, etc.) et une appétence plus élevée pour la prise de risque[14].

Pour autant, pour la majorité des établissements financiers, le modèle économique des start-up est bien souvent moins compréhensible que celui des entreprises traditionnelles. Ainsi, les financements bancaires traditionnels seront difficiles à obtenir pour une start-up aussi longtemps qu'elle ne disposera pas de clients et d'un chiffre d'affaires. Sur les marchés français et européens, les investisseurs institutionnels se désintéressent également des structures encore trop peu matures. Or ces financements sont pourtant nécessaires au démarrage de l'activité. Il revient donc bien souvent à la puissance publique de permettre l'amorçage des start-up et, plus globalement, des projets innovants. C'est d'ailleurs sur cette première phase de croissance que les aides publiques ont été les plus travaillées en France durant les années 2010, d'autant que les organismes publics y jouent un rôle incontournable. Aux étapes suivantes du développement de ces entreprises, les asymétries d'information demeurent dans l'accès au financement. L'État peut alors intervenir comme tiers de confiance grâce à des instruments de labellisation et de notation pour favoriser la mobilisation des fonds privés.

14. Villeroy de Galhau F. (2025), discours « Venturing into open waters to unlock Europe's innovative potential », conférence annuelle d'Euronext Paris.

Services publics et entreprises : mille défis et autant de politiques

Les dispositifs de soutien aux entreprises sont nombreux et en permanente évolution. Depuis 2000, ces dispositifs se généralisent dans l'ensemble des économies avancées : les montants engagés ont été multipliés par 3,7 en France, 5,7 au Royaume-Uni et 1,6 aux États-Unis[15]. Sur les vingt dernières années, les pays européens, et en particulier la France, ont donc consenti à un important effort de finances publiques pour dépasser les États-Unis.

Les dispositifs de financement et d'investissements directs se révèlent être d'une redoutable efficacité et adaptés à toutes les phases de développement d'un projet innovant. Les aides directes couvrent l'ensemble des instruments se traduisant par un flux effectif de liquidités depuis le secteur public vers les entreprises innovantes : prises de participation, crédits et subventions. À l'exception des aides des collectivités locales, lesquelles développent des dispositifs indépendants, la quasi-intégralité des dispositifs français est coordonnée sur le plan stratégique par le secrétariat général pour l'investissement (SGPI), placé sous l'autorité

15. Bunel S. et Sicsic M. (2021), « Aides à la R&D : pratiques internationales et revue de la littérature sur leurs effets », *Revue de l'OFCE*.

du Premier ministre. Sur le plan opérationnel, Bpifrance est l'acteur de référence[16]. Il est ainsi l'opérateur principal des plans France Relance et France 2030, lancés respectivement en 2020 et 2021, pour un montant global de 130 milliards d'euros, afin de dynamiser l'économie française, sur le long terme, après la pandémie de Covid-19. À titre d'exemple, le plan France 2030 consacre 1,8 milliard d'euros, sur la période 2021-2025, au développement de technologies quantiques[17].

Cette politique s'intègre dans la continuité des politiques industrielles françaises depuis les années 1960, à l'image de ce qu'a été le plan Calcul, en soutien au développement de l'informatique. Pour autant, ces aides directes sont distribuées, par le biais d'appels à projets ou sur étude de dossier, à l'ensemble des acteurs économiques disponibles et non au seul secteur public ou para public. La verticalité traditionnelle de la politique industrielle française est donc équilibrée par davantage d'horizontalité qui permet la mise en concurrence et le maintien sous tension des agents économiques. Les États-Unis mobilisent le même type d'outils et continuent à les privilégier par rapport aux instruments fiscaux. Pour ce faire, ils s'appuient sur un réseau d'agences

16. Bpifrance (2022), Bilan d'activité pour 2021.

17. SGPI (2022), « 1er comité France 2030 », dossier de presse, 1er février 2022.

spécialisées, à l'image de la Defense Advanced Research Projects Agency (DARPA).

La bonne tenue du capital-investissement est saluée par la littérature économique. Cet instrument a le mérite de s'intégrer dans une logique de marché, tout en alignant les intérêts des parties prenantes et en offrant à l'État les revenus des investissements qu'il a consentis. En revanche, les subventions, dont les montants tendent à être de plus en plus importants, doivent être cantonnées aux toutes premières démarches d'innovation. Les crédits, quant à eux, restent un instrument utile de soutien à l'innovation, même s'ils sont mieux adaptés aux entreprises ayant déjà engagé leur croissance, puisqu'ils ne permettent pas d'agir sur les fonds propres, mais ont le mérite de ne pas non plus diluer le capital. Philippe Aghion, professeur au Collège de France, estime ainsi que le capital-risque est le meilleur outil de financement des jeunes entreprises innovantes[18]. Il existe d'ailleurs, de manière plus générale, un lien positif fort entre présence d'investisseurs institutionnels au capital et innovation, grâce à leur capacité à s'impliquer dans la gestion de l'entreprise. En France, c'est pourtant l'instrument fiscal qui a jusqu'ici été nettement privilégié.

---

18. Aghion P., Antonin C. et Bunel S. (2020), *Le Pouvoir de la destruction créatrice, innovation, croissance et avenir du capitalisme*, Odile Jacob.

Le législateur français a choisi de compléter ces dispositifs d'aide directe par des dispositifs de crédit ou réduction d'impôt afin de soutenir la R&D des entreprises. Il s'agit des outils les plus horizontaux possible, puisque leurs mécanismes d'activation reposent sur des critères connus des agents économiques, qu'ils peuvent engager eux-mêmes. Ainsi, les autorités publiques ne déterminent pas à l'avance quelles innovations elles soutiennent et accordent leur confiance au marché pour ce qui est de la sélection des projets. Au sein de l'Union européenne, des dispositifs très variés ont été mis en œuvre, ce qui a permis à la Commission européenne d'en dresser les caractéristiques principales en 2014[19] :

- le mécanisme peut être un crédit d'impôt, un abattement, un amortissement accéléré ou une réduction d'impôt ;
- les dépenses éligibles peuvent être liées à l'équipement, à la masse salariale, aux frais de propriété intellectuelle (dépôt et défense de brevets) ;
- l'assiette qui fait l'objet de l'incitation fiscale peut être les revenus des entreprises ou des particuliers, voire les cotisations sociales ;
- les dépenses éligibles doivent être orientées vers une innovation pour l'entreprise (le plus

19. Commission européenne (2014), *A Study on R&D Tax Incentives – Final report. Taxation paper/working paper.*

souvent), mais certains pays imposent des critères plus restrictifs, l'innovation devant alors être nouvelle à l'échelle du pays ;

- les dispositifs peuvent être plus ou moins ciblés, en fonction de la taille de leur entreprise, de leur âge, de leur région d'activité, de leur secteur d'activité, en fonction des priorités de politiques publiques.

En France, les politiques fiscales de soutien à l'innovation sont mises en œuvre par trois dispositifs : d'une part, le crédit d'impôt pour la recherche (CIR) et le crédit d'impôt pour l'innovation[20] (CII), qui fonctionnent en complémentarité pour un total de 7,2 milliards d'euros en 2024, et d'autre part, le dispositif Jeune Entreprise Innovante (JEI), pour 169 millions d'euros[21].

Le CIR est ouvert à toutes les entreprises qui engagent des dépenses de R&D et qui sont soumises à l'impôt sur les sociétés en France. Pour des dépenses inférieures à 100 millions d'euros, le taux est de 30 %. En revanche, il chute à 5 % lorsque ce seuil est dépassé. En cas d'imposition

---

20. Le CII complète le CIR, en ciblant plus spécifiquement les PME concevant un prototype dont les performances sont supérieures aux produits existants.

21. En 2017. Ce panorama peut également être complété par le régime de la patent box, particulièrement avantageux en France, qui permet de traiter les revenus des brevets comme des plus-values de long terme.

trop faible, le crédit non distribué devient une créance sur le trésor public, qui peut être utilisée pendant les trois années suivantes. À l'issue de cette période, le crédit est remboursable. Surtout, il est remboursable immédiatement pour les PME et les jeunes entreprises innovantes, ce qui permet d'augmenter son efficacité en le transformant en une aide directe, beaucoup de structures n'ayant pas les moyens d'attendre ses effets différés.

Le dispositif JEI, pour sa part, a été salué en 2014 par la Commission européenne comme étant la meilleure incitation fiscale à la R&D existante, car il est précisément ciblé sur les start-up[22]. Ce statut est offert aux PME ayant moins de dix ans d'existence, dont le capital est détenu à au moins 50 % par une personne physique, une association ou fondation reconnue d'utilité publique, un établissement de recherche ou une autre entreprise bénéficiant du statut de JEI. L'entreprise ne peut pas être issue d'une restructuration et doit consacrer au minimum 15 % de ses charges fiscalement déductibles à la R&D. Ce statut ouvre droit à une exonération totale d'impôt sur le revenu ou sur les sociétés durant le premier exercice, puis à une exonération de 50 %. Celle-ci est cumulable avec le CIR. L'entreprise est également exonérée de taxes économiques locales si les collectivités

22. Commission européenne (2014), « A Study on R&D Tax Incentives » – Final report. Taxation paper/working paper.

locales concernées votent en ce sens. De même, les salariés liés à la R&D (ingénieurs, chercheurs, gestionnaires, juristes chargés de la propriété intellectuelle) se voient exonérés de cotisations sociales, pour la part relevant de l'employeur, pour une rémunération brute mensuelle maximale de 7 214,03 euros et un plafond pour l'entreprise à 205 680 euros.

En France, comme dans les autres pays de l'Union européenne, le poids des dépenses fiscales a dépassé celui des aides directes durant les vingt dernières années[23]. Elles représentaient 22 % de l'enveloppe totale de soutien à l'innovation des entreprises en 2000, elles sont montées à 71 % à la fin des années 2020, en conformité avec le choix d'une politique de soutien horizontale. À l'échelle européenne, elles atteignent 59 % des dépenses d'innovation. Ainsi, seuls quatre pays ne disposent pas de crédit d'impôt à la R&D (Allemagne, Estonie, Finlande, Luxembourg). Pour autant, cette inversion de tendance n'est qu'une substitution partielle, car ces nouvelles aides ont participé à l'augmentation en volume des aides aux entreprises innovantes : elles sont passées de 9 % de la DIRDE européenne en 2000 à 12 % vingt ans plus tard.

---

23. Bunel S. et Sicsic M. (2021), « Aides à la R&D : pratiques internationales et revue de la littérature sur leurs effets », Revue de l'OFCE.

Au-delà de ces politiques financières, des politiques variées de soutien indirect à l'innovation produisent des effets positifs sur le long terme. Il en va ainsi du soutien indirect par le recours aux marchés publics ou aux appels à projets, qui permet d'associer innovations publiques et privées.

Les entités publiques conduisent dans le cadre de leur propre activité des projets innovants, lesquels peuvent demander l'association d'entreprises. Ces politiques ne sont donc pas conçues directement pour soutenir l'innovation dans le secteur privé. Pour autant, l'effet indirect se matérialise de diverses manières : partage de connaissances, voire de techniques, valorisation des entités concernées et éventuel soutien financier. Toutefois, contrairement aux politiques fiscales, il est difficile de mesurer clairement cet effet.

Les acteurs publics peuvent soutenir les démarches d'innovation dans le cadre de programmes spécifiques. En matière d'innovation verte, l'Ademe, agence française de transition énergétique, consacrait ainsi, au début des années 2020, 25 millions d'euros par an à des programmes de recherche et de mise en œuvre expérimentale, associant entreprises, associations et collectivités, dans le cadre de son programme d'accompagnement à la recherche, au développement et à l'innovation (RDI). Au sein de l'administration publique, le réseau des laboratoires publics d'innovation, de la direction interministérielle de la transformation publique (DITP), compte une cinquantaine de laboratoires de ce type. Ils ont vocation à être le « premier kilomètre de l'innovation publique », en étant largement ouverts sur les innovations du secteur privé.

L'innovation dans les lignes d'activité traditionnelles des acteurs publics génère aussi des externalités positives sur le secteur privé. À titre d'exemple, la SNCF, dans ses activités de service public, construit des partenariats avec des sociétés françaises et européennes pour numériser la gestion du réseau et du matériel roulant. Depuis 2019, des dispositifs de « maintenance prédictive » équipent ainsi 2 000 rames, permettant de faire baisser de 20 % les coûts. De même, l'entreprise a conclu en 2012 un partenariat d'une durée de douze ans avec la société Dalkia pour concevoir un système de gestion des données relatives aux gares, auquel tous les métiers auront accès. Ces programmes permettent à l'entreprise publique de préparer ses propres innovations, mais elles offrent aussi aux entreprises associées la possibilité de tester en amont leurs propres technologies, en identifiant potentiellement de nouveaux cas d'usages.

Sur le long terme, les politiques éducatives jouent un rôle marqué en matière d'innovation. Ces politiques permettent de limiter les problèmes de sous-financement de l'enseignement et de la recherche, lesquels sont producteurs d'externalités positives. Ainsi, de l'enseignement élémentaire jusqu'à l'enseignement supérieur, la création de cursus adaptés permet de sécuriser les compétences en phase avec les besoins économiques. Surtout, la création dans les universités de cursus plus souples, en favorisant l'interdisciplinarité, est un vecteur clef d'innovation. Pour cette raison, le ministère de l'Enseignement supérieur et de la Recherche est également en charge de l'innovation depuis 2017. À ce titre, des délégués régionaux académiques à la recherche et l'innovation (DRARI) ont été déployés auprès des recteurs. Ces délégués sont aussi chargés de conseiller les préfets de région en matière de recherche et d'innovation. Dans ce cadre, les opérateurs de l'État sont mobilisés. C'est notamment le cas de l'agence nationale pour la recherche (ANR), qui consacrait au début de la décennie 1,19 milliard d'euros par an à des projets de recherche.

À côté de ces dispositifs qui visent à soutenir financièrement, directement ou indirectement, les entreprises innovantes, les pouvoirs publics ont développé des instruments de mise en valeur desdites entreprises, afin de leur permettre de se faire connaître des investisseurs français et étrangers, de clients et fournisseurs potentiels et même de leurs concurrents.

Les pôles de compétitivité, ou « clusters » visent à rassembler autour d'une thématique bien identifiée, sur un territoire défini, des entreprises de toutes tailles ainsi que des centres de recherche, en associant étroitement État et collectivités locales. L'idée est de répliquer le modèle de la Silicon Valley, qui rassemble, dans la baie de San Francisco, des entreprises technologiques de pointe. En effet, l'économiste britannique Alfred Marshall (1842-1924) a montré que la géographie influence l'innovation. Selon sa formule : « Les secrets de l'industrie cessent d'être des secrets ; ils sont pour ainsi dire dans l'air[24]. » En d'autres termes, une localisation partagée facilite les échanges informels et l'émulation. Les fournisseurs et sous-traitants peuvent aussi développer leur activité sur le même site, ce qui favorise les économies d'échelle. En outre, un marché du travail spécialisé, associé à des centres de formation et des universités, peut germer. En France, « l'aerospace valley », située à Toulouse, est un modèle du genre combinant au leader mondial qu'est Airbus une myriade de sous-traitants, centres de recherche et de formation. France Stratégie, pour sa part, estime qu'un euro de subvention publique dans le cadre d'un pôle de compétitivité génère 2,5 euros supplémentaires de dépenses de R&D[25].

Plus globalement, les pôles de compétitivité français ont été administrativement formalisés en 2004 par la DGE. Initialement, 71 pôles ont

24. Marshall A. (1890), *Principes d'économie politique*, édition de 1906, Gallica.

25. Ben Hassine H., (2020), « Les Pôles de compétitivité : quels résultats depuis 2005 ? », Note de synthèse, France Stratégie.

été identifiés, puis ce nombre a progressivement été réduit jusqu'à 54 en 2021. Il s'agit d'associations qui fédèrent les parties prenantes et les pouvoirs publics. Depuis 2018, les conseils régionaux ont vocation à devenir les entités publiques de référence pour les pôles de leur ressort, dans une logique de régionalisation plus générale de l'action publique en matière économique.

Les politiques de labellisation peuvent aussi prendre des formes plus innovantes. Ainsi le gouvernement français a créé en 2019 un programme, qui prend l'allure de compartiments boursiers, pour suivre l'évolution des start-up françaises en phase de forte croissance. On parle souvent de « scale-up » pour désigner ces structures, précisément car elles sont en train de changer d'échelle. L'objectif n'est pas, bien entendu, de concurrencer le NASDAQ, qui continue à être le point de chute naturel des valeurs technologiques : les moyens en jeu sont sans commune mesure et il n'est pas question de cotation en continu. L'idée est plutôt de mettre en valeur chaque année des entreprises innovantes en fonction de critères d'accès identifiés. Les 120 meilleures sont rassemblées dans le « French Tech 120 », les 40 plus prometteuses sont ensuite identifiées au sein du « Next 40 ». Pour intégrer le FT120, les entreprises sont sélectionnées en fonction de leurs levées de fonds et la forte croissance de leur chiffre d'affaires. Le Next 40 se veut plus accessible et nécessite d'atteindre au moins un de ces critères : réalisation d'une levée de fonds parmi les plus importantes des trois dernières années ou chiffre d'affaires de plus de 5 millions d'euros, lié à une croissance annuelle supérieure à 30 %.

Par rétroaction, la multiplication des dispositifs a induit de nouvelles asymétries d'information, de la complexité et des coûts liés à la constitution de dossiers pour les innovateurs, lesquels font face à une prolifération de cabinets de conseil privés souhaitant les soulager tout en s'octroyant au passage de confortables commissions. Cette bureaucratie privée, perçue par beaucoup d'entreprises comme une forme de parasitisme économique, nuit à l'efficacité de ces dépenses publiques, notamment vis-à-vis des jeunes entreprises innovantes. Ainsi, le non-recours au CIR est inversement proportionnel à la taille de l'entreprise : il concerne 18 % des TPE, mais seulement 10 % des grandes entreprises[26].

Face à ce phénomène, les acteurs publics ont conçu d'autres dispositifs visant à guider les entreprises pour leur permettre de se rapprocher du dispositif qui leur convient le mieux. Bpifrance Création rassemble depuis 2019 toute l'offre de services de cette banque pour faciliter

---

26. EDHEC (2019), « Quel est le rendement du crédit d'impôt recherche pour les entreprises ? », Position Paper.

l'entrepreneuriat. Les entreprises ont la possibilité d'être accompagnées par un conseiller qui les orientera parmi ses produits, mais aussi parmi ceux proposés par les collectivités locales. Dans chaque région, l'établissement a déployé des délégués innovation, associés à une équipe de chargés d'affaires, pour assurer un contact sur le terrain avec les entreprises innovantes.

Mieux cibler le soutien aux entreprises pour gagner en efficacité

Le choix de privilégier les politiques fiscales de soutien à l'innovation se heurte à une mise en œuvre moins efficace que les aides directes[27]. Les États-Unis et le Japon ne font d'ailleurs pas ce choix. Les études empiriques montrent que les pays qui font le choix de politiques d'aides directes parviennent mieux à mobiliser les fonds privés (Suisse, Allemagne, Danemark), alors que les pays qui font le choix des politiques fiscales y parviennent moins bien. Ainsi, alors que la France est l'un des pays qui consacre le plus de fonds publics, relativement à son PIB, à la R&D, elle se situe dans la moyenne basse des économies avancées.

Pour expliquer cette situation qui peut sembler paradoxale, plusieurs hypothèses sont avancées.

---

27. Bunel S. (2020), Calibrage en temps de crise des dispositifs de soutien à la recherche et à l'innovation, Banque de France.

Les politiques fiscales sont peu adaptées aux jeunes entreprises innovantes, pour lesquelles des aides directes, avec flux financier effectif, sont plus utiles dans les premières années de croissance. Elles sont, en revanche, très adaptées aux grandes entreprises, ayant déjà une expérience de la R&D, pour lesquelles ces crédits d'impôt sont l'occasion d'un fort effet d'aubaine. On peut donc conclure à la complémentarité de ces dispositifs[28], même si un rééquilibrage s'impose en France.

Malgré de bons résultats depuis 2019, on observe une difficulté à financer toutes les phases de l'innovation. En ce qui concerne spécifiquement les start-up, l'action publique reste très concentrée sur la phase d'amorçage. Il est ainsi aisé d'obtenir quelques dizaines de milliers d'euros pour engager un projet. En revanche, entre cette phase de croissance et la cotation en bourse, la route de la croissance est longue pour ces entreprises, qui n'hésitent pas à parler de « vallée de la mort », tant les investisseurs peuvent être difficiles à mobiliser. Les défaillances du marché ne s'arrêtent donc pas à la simple création des entreprises, mais sont beaucoup plus structurelles. Pour cette raison, la French Tech concentre désormais une part importante de son attention sur les « scale-up », c'est-à-dire les start-up ayant réussi leurs premières

28. Busom I. (2014), « Tax incentives… or subsidies for business R&D? », *Small Business Economics*.

années de croissance et qui peuvent désormais devenir des « licornes ». L'entrée en bourse de la société OVHcloud en 2021, désormais cotée sur Euronext Paris, témoigne de la possibilité de dépasser cette étape et de devenir une entreprise comme les autres, avec un défi : rester innovante. Pour ce faire, elle bénéficie de l'ensemble des avantages fiscaux présentés plus haut.

Pour autant, cette situation favorable de court terme ne doit pas cacher le retard encore important accumulé par les Européens par rapport aux Américains. En 2020, en France, 21 start-up ont levé plus de 50 millions d'euros. C'était le cas, au même moment, de 28 d'entre elles en Allemagne et de 50 au Royaume-Uni. Par comparaison, 350 start-up ont levé plus de 100 millions de dollars la même année aux États-Unis[29]. Le fait est que les fonds d'investissement français ne peuvent que difficilement financer des levées de fonds supérieures à 30 millions d'euros[30]. Les start-up françaises sont donc obligées de se raccrocher à des circuits de financement étrangers, en particulier américains, lors des dernières étapes de leur développement (*late stage*). Ainsi, parmi les 40 start-up du Next 40 en 2020, 32 avaient un investisseur étranger à leur capital. Or

29. Données Crunchbase.

30. Englebert P. (2021), *Les Startups en France*, Presses universitaires de France.

ces investisseurs ont une connaissance moins fine du marché français et s'orientent vers des investissements moins risqués, à l'exception des start-up numériques, qui restent prisées[31]. Cette situation laisse donc de côté de nombreuses entreprises innovantes françaises. Des évolutions peuvent être envisagées pour améliorer l'efficacité des instruments de soutien à l'innovation.

Au demeurant, sur le plan budgétaire, les crédits mobilisés par l'État sont significatifs. L'enveloppe globale était de l'ordre de 9 milliards d'euros à la fin des années 2020, répartie pour 70 % en incitations fiscales et pour 30 % en aides directes, lesquelles sont pour moitié portées par Bpifrance, agissant comme opérateur de l'État, à hauteur d'un milliard d'euros. En matière fiscale, le CIR représente à lui seul plus de 6 milliards d'euros de dépense publique chaque année, soit les trois cinquièmes de l'enveloppe totale. Depuis la suppression du crédit d'impôt pour la compétitivité et l'emploi (CICE), il s'agit même de la première dépense fiscale de l'État. Compte tenu des montants engagés, une commission nationale d'évaluation des politiques d'innovation (CNEPI), installée au sein de France Stratégie, a été instaurée en 2014. Dans son avis de 2021 sur

31. Saint-Martin J.P., Paridimal E., Verdier R. *et al.* (2021), *Levier de développement des start-up industrielles en phase d'industrialisation*, IGF.

le CIR, elle estime que ce crédit d'impôt génère « des effets positifs mais modérés sur les activités de R&D et d'innovation, et pas d'impact significatif sur la valeur ajoutée[32] ». Tout en percevant des effets significatifs sur les PME, elle conclut toutefois à « un effet modeste sur l'attractivité du site France pour la location de la R&D des multinationales », ce qui pose la question du ciblage de ce dispositif, dans le cadre d'une économie mondialisée, où il n'est pas aisé de déterminer si les fonds publics mobilisés profitent toujours pleinement au territoire national.

Face à ces défis, l'enjeu est désormais de mobiliser davantage de fonds privés et de mieux cibler le soutien public, dans une perspective durable et inclusive, y compris en soutien à l'économie sociale et solidaire (ESS). Il s'agit de favoriser une meilleure allocation du capital public et privé au service du financement de l'innovation, en commençant par mieux mobiliser les financements privés à l'échelle européenne, grâce à une supervision harmonisée et exigeante.

Pour augmenter l'efficacité des instruments publics de soutien à l'innovation, et notamment leur capacité, par effet d'entraînement, à mobiliser des fonds privés, le premier enjeu est d'augmenter

32. CNEPI (2021), « Évaluation du crédit d'impôt recherche », *Avis de la commission nationale d'évaluation des politiques publiques*, France Stratégie.

les fonds privés effectivement disponibles pour l'innovation en France. On aurait pu imaginer que la libre circulation des capitaux dans le marché intérieur de l'Union européenne, effective depuis 1988, et la création de l'euro en 1999 auraient suffi pour permettre la construction de capacités de financement privées à l'échelle du continent[33]. On observe pourtant le phénomène décrit par les économistes Martin Feldstein et Charles Horioka[34] qui consiste en une forte corrélation entre taux d'investissement et niveau d'épargne, ce qui signifie que la mobilité du capital est faible[35]. La consolidation du marché interbancaire et des marchés de capitaux à l'échelle européenne paraît donc nécessaire pour améliorer le financement des entreprises innovantes[36]. Après l'union bancaire instaurée en 2014, une union pour l'épargne et l'investissement, proposée par la Commission européenne en 2025, favoriserait l'émergence d'un *level playing field*, c'est-à-dire un terrain réglementaire uniformément plat, permettant à

33. Brunnermeier M., James H. et Landau J.P. (2016), *The Euro and the battle of ideas*, Princeton University Press.

34. Feldstein M. et Horioka C. (1980), « Domestic Saving and International Capital Flows », *The Economic Journal.*

35. Benassy-Quéré A. et Cœuré B. (2014), *Économie de l'euro*, La Découverte.

36. Grjebine T., Szczerbowicz U. et Tripier F. (2015), « Financement de l'économie : le modèle européen remis en question », in CEPII, *L'économie mondiale 2016*, éditions La Découverte.

l'ensemble des acteurs financiers de se déployer dans l'Union[37].

Mieux calibrer les instruments publics

En matière de mise en œuvre des politiques de soutien à l'innovation, le premier enjeu est de rendre l'outil fiscal plus efficient en le ciblant mieux. Une proposition fréquente est de corréler le taux de subvention à la taille de l'entreprise de manière à mieux le cibler sur les PME. C'est ce choix qui est fait au Royaume-Uni, au Japon et aux Pays-Bas. Pour autant, c'est aussi prendre le risque d'un effet de seuil marqué. Une autre possibilité, proposée par Philippe Aghion, est d'instaurer une progressivité de ce crédit d'impôt fondée sur un barème : un ratio de dépenses de R&D sur investissement permettrait de mesurer l'intensité de l'effort d'innovation[38]. Les dépenses comprises entre 0 et 2,5 % du chiffre d'affaires seraient, par exemple, subventionnées à 15 %, puis de 2,5 à 5 % à 30 %, et ainsi de suite jusqu'à un taux marginal de 40 %. Cette méthode rendrait le CIR plus incitatif, toutefois il ne faut pas sous-estimer la complexité de la

37. Communication de la Commission européenne (2025), « Union pour l'épargne et l'investissement, une stratégie pour soutenir la richesse des citoyens et la compétitivité dans l'Union européenne ».

38. Aghion P., Javarel X. et Chanut N. (2019), « Comment réformer le crédit impôt recherche ? », *Les Échos*.

mise en place de ce type de mécanisme en termes de déclaration et de contrôle.

En ce qui concerne les outils de financement public direct, l'enjeu est d'améliorer le continuum de financement, de la phase d'amorçage jusqu'au financement *late stage*. Des efforts significatifs ont été fournis depuis le début des années 2010 pour permettre aux start-up d'amorcer leur activité, et ce, avec succès : les fonds levés par les start-up ont été multipliés par cinq entre 2013 et 2020, pour atteindre 5,4 milliards d'euros. Les efforts doivent aujourd'hui porter sur le *late stage* et l'introduction en bourse. En 2019, le rapport de Philippe Tibi (professeur d'économie à l'École polytechnique) au ministre de l'Économie a proposé un soutien public à la constitution de fonds d'investissement spécialisés, capable de mener des levées de fonds de plus de 30 millions d'euros[39]. Des investissements sont désormais en cours pour un montant total de 6 milliards d'euros, à la suite d'annonces du président de la République. En parallèle, des actions de renforcement des ressources humaines disponibles, à l'aide de mécanismes comme la grande école du numérique (GEN), qui labellise des formations, devront être engagées pour pérenniser l'écosystème.

---

39. Tibi P. (2019), « Financer la quatrième révolution industrielle, lever le verrou du financement des entreprises technologiques », rapport au ministre de l'Économie et des Finances.

Dès lors, on peut juger que les politiques publiques françaises de soutien à l'innovation atteignent de manière raisonnablement satisfaisante les objectifs qui leur ont été assignés. Ces politiques sont une nécessité pour permettre à la France de conserver sa place parmi les économies les plus innovantes. La diversité des instruments publics permet d'accompagner l'innovation sous toutes ses formes. Pour autant, les performances encore hétérogènes du soutien public à l'innovation invitent à améliorer en continu l'allocation du capital. Face à ces défis, l'enjeu est désormais de mobiliser davantage de fonds privés et de mieux cibler le soutien public, dans une perspective durable et inclusive.

Sur le temps long, on ne peut que constater que l'économie française s'est modernisée pour favoriser l'innovation plutôt que les rentes. Honoré de Balzac raconte, dans la troisième partie d'*Illusions perdues*, comment David Séchard, imprimeur d'Angoulême ayant inventé un procédé nouveau, est obligé de le céder aux frères Cointet, ses concurrents directs, parce qu'ils lui présentent une créance qu'il doit leur rembourser[40]. Précisons que cette créance a été souscrite en son nom par le bien connu Lucien de Rubempré, qui a usurpé sa signature. Toujours est-il que le malheureux David

40. Balzac (de) H. (1843), *Illusions perdues, Les souffrances de l'inventeur*, Le Livre de Poche, édition de 2006.

Séchard n'a pas d'autre solution que d'octroyer à ces messieurs le droit d'utiliser son invention en échange de l'effacement de ses dettes. Cette vente à vil prix n'aurait peut-être pas eu lieu aujourd'hui. D'abord, parce que les brevets se sont démocratisés. Or la garantie des droits de propriété est une condition fondamentale à la construction d'un marché efficace. Ensuite, parce que l'économie française est irriguée de financements nombreux et adaptés à chaque activité, portés par des investisseurs, qui savent prendre leur part de risque. Désormais, si un inventeur se sépare de son innovation, c'est parce que les conditions du marché y sont plus favorables qu'à un refinancement de son entreprise. Dès la fin du XIXe siècle, les banques mutualistes auraient sans doute pu intervenir. En effet, les banques populaires fondées en 1878 à Angers auraient pu offrir à cet imprimeur de Charente un soutien que les grandes banques commerciales lui auraient refusé[41]. Aujourd'hui, un capital-risqueur aurait peut-être tenté sa chance. Cela n'est toutefois vrai que parce que les autorités publiques accordent un soutien large et chaque année renouvelé aux entreprises et en particulier à celles qui innovent, en soutenant des projets et

---

41. Thiveaud J.M. (1997), « Les évolutions du système bancaire français de l'entre-deux-guerres à nos jours : Spécialisation, déspécialisation, concentration, concurrence. », *Revue d'économie financière.*

en favorisant l'émergence d'écosystèmes. C'est la raison pour laquelle une économie innovante, qui prétend apporter toujours davantage de bien-être, ne peut se concevoir sans l'intervention attentive des autorités publiques et de leurs services.

LES SERVICES PUBLICS DE DEMAIN

« Il se faisait en France un million de rapports écrits par année ; aussi la bureaucratie régnait-elle ! »

Balzac, *Les Employés*, 1838

Chapitre 11
Les politiques de modernisation

Nombreux sont les défis qui pèsent sur l'action publique, et ils sont connus depuis longtemps : double enjeu d'efficacité (meilleur service possible) et d'efficience (au meilleur coût possible) dans le service aux usagers, dans le respect d'une trajectoire de finances publiques soutenable, tout en permettant la construction de carrières attractives pour les agents. C'est la raison pour laquelle les gouvernements successifs se mobilisent, d'un côté pour identifier les bonnes pratiques – et les généraliser autant que possible –, et de l'autre pour trouver des solutions aux défis transversaux qui parcourent les politiques publiques. Avec un peu de recul, on peut distinguer trois grandes modernisations : la transformation de l'action publique administrative, les politiques de décentralisation et les politiques de mise en concurrence et d'internationalisation des services publics industriels et commerciaux. On les abordera successivement.

MODERNISATION DE L'ACTION PUBLIQUE ADMINISTRATIVE

Au fil des ans, l'impulsion donnée par le gouvernement a pris des noms différents : réforme de l'État, révision générale des politiques publiques (RGPP), de 2007 à 2012, modernisation de l'action publique (MAP), de 2012 à 2017, ou encore transformation publique depuis 2017. De gouvernement en gouvernement, le nom change mais l'ambition d'engager une évolution durable des services publics reste la même, avec des accents plus ou moins marqués sur telle ou telle priorité. Cette dynamique est à l'œuvre dans tous les pays développés et vise à rapprocher le fonctionnement des administrations publiques des autres types d'organisation en y adaptant les bonnes pratiques. Pour accompagner ce changement, la notion même de service public est un levier puissant. L'OCDE mesure les priorités des différents gouvernements dans le monde et relève que la priorité la plus communément retenue est d'adapter toujours davantage les services existants dans une logique de prestation de service à l'usager final. Cela signifie passer d'une logique administrative, où l'usager doit respecter des règles définies par des directions différentes, à une logique de gestion, où les services sont construits en se plaçant du point de vue de l'usager, lequel doit avoir le plus souvent possible un guichet unique, mais aussi le droit de se tromper, de modifier sa demande, d'exprimer des préférences et même… de connaître le nom de son interlocuteur. L'objectif ne doit plus jamais être que l'usager fasse rentrer sa demande dans les cases d'un formulaire, il doit au contraire se voir proposer une offre adaptée à des besoins exprimés librement.

Autrement dit, l'organisation de l'administration doit être repensée à chaque fois autour du service final proposé, avec en objectif central la satisfaction du citoyen. Cela peut sembler évident ou, au contraire, un peu désobligeant pour certains services publics qui ont conservé une organisation traditionnelle. Dans les faits, beaucoup d'administrations ont été structurées au XIXe siècle, avec des services départementaux et une administration centrale, concentrant souvent des fonctions régaliennes très fortes, où l'usager venait historiquement demander une faveur à l'administration plutôt qu'un véritable service. Ce mode de fonctionnement, qui n'a pas toujours été remis en question, est désormais en décalage avec nos manières de vivre et, plus globalement, avec la croissance des missions attribuées à l'administration depuis cette époque, lesquelles touchent bien davantage à la vie quotidienne que ce n'était le cas il y a 150 ans. À égalité avec cette volonté de se concentrer sur la notion de service rendu se trouve la prise en compte de la révolution numérique ; l'enjeu est tel que nous l'évoquerons dans un chapitre dédié[1].

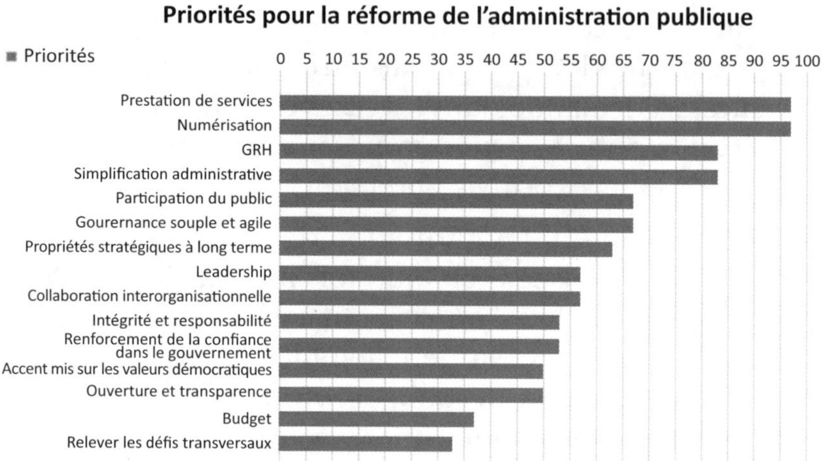

Source : *OCDE, Réformes de la gouvernance publique et de l'administration, 2025.*

Après ces deux priorités stratégiques identifiées par l'OCDE, c'est naturellement la question de la gestion des ressources humaines (GRH) qui arrive en troisième position et qui, reconnaissons-le, est un sujet de tension forte entre l'administration et ses agents. On retrouve dans le privé une tension comparable à propos de ces questions ayant un impact marqué sur la vie personnelle des salariés

1. Voir le chapitre 12 pour la transformation numérique de l'administration.

(rémunération, congés, primes, progression de carrière, etc.). La situation est toutefois un peu différente car l'État n'est pas un employeur comme les autres : c'est lui qui fixe les règles. Or, les règles qu'il s'applique à lui-même sont le plus souvent dérogatoires, du fait des spécificités de l'action publique, et plus larges que dans le privé. Ainsi, travailler pour l'État a des implications en termes de retraite, de protection sociale ou encore de droit au chômage. Au demeurant, les agents publics sont encore nombreux à faire carrière dans une même administration durant toute leur vie professionnelle, sans véritable possibilité de changement car ils y exercent des métiers qu'on ne retrouve pas toujours ailleurs : ils ont donc un rapport humain particulier à leur travail, parfois plus personnel. Nombreux sont ceux qui avouent être fiers d'exercer leur métier, qui leur apporte du sens. Les enjeux de gestion des ressources humaines y sont donc particulièrement sensibles, d'autant plus que le cadre budgétaire contraint de nombreux États offre peu de marge de manœuvre pour toucher à la variable la plus importante : le niveau de rémunération.

Pour renforcer leur attractivité, les administrations doivent s'engager dans la construction de véritables marques employeur. Au fond, la logique est la même que pour les usagers : les directions des ressources humaines doivent apprendre à se mettre davantage à la place des agents pour leur offrir carrières, évolutions de compétences et reconnaissance. L'enjeu est de passer d'une logique où les agents sont substituables, à grade équivalent, en changeant de poste régulièrement, à un système fondé sur les talents de chacun : chaque individu, du fait de ses études, ses expériences antérieures, ses appétences et ses aspirations, développe des envies et des compétences qui lui sont propres. En spécialisant les agents sur les compétences qu'ils exercent avec le plus d'engagement et de compétence, nous ferons ainsi progresser l'administration dans son ensemble. En valorisant cet engagement, nous pourrons ouvrir la voie à une administration plus efficace, et peut-être aussi plus humaine.

Agents et usagers ont parfois des intérêts qui ne sont pas totalement en phase à court terme, mais s'il y a bien un sujet d'accord, c'est celui des simplifications administratives, que l'OCDE pose comme quatrième grande priorité des gouvernements. Comme toutes les grandes structures (les grandes entreprises ne sont pas tellement différentes), l'administration multiplie les comités, les procédures et les contrôles. Les doublons ne sont pas rares, tant l'un peut avoir envie de faire le travail de l'autre, sous couvert d'apporter un complément ou un contrôle supplémentaire. Comme il n'existe – et c'est heureux – pas de pression concurrentielle ou financière à la rentabilité dans le service public, la tentation est d'en faire toujours davantage, même si cela ralentit l'efficacité du service final, laquelle peut d'ailleurs être difficile à mesurer. Encore une fois, il n'y a pas de maladie publique : les grandes entreprises en situation de quasi-monopole ou très rentables sont dans la même situation.

Une des situations les plus agaçantes pour le public est certainement le cas où il faut remplir un formulaire, dans le cadre d'une démarche administrative, avec des données qu'on a déjà communiquées à l'administration. Dans certains cas, il faut même remplir chaque année le même formulaire, avec les mêmes informations inchangées. Fort heureusement, la numérisation des procédures aide beaucoup : la déclaration annuelle de revenus est désormais presque intégralement préremplie et grâce au système France Connect lancé en 2016, il est possible de se connecter sur Internet à plus de 1 400 services publics avec le même identifiant, sans avoir besoin de multiplier les comptes. Le succès est d'ailleurs au rendez-vous, puisque ce service a passé le cap des 40 millions d'utilisateurs en 2024. L'enjeu technique pour les administrations est de favoriser la circulation des informations, dans le respect des données personnelles. La direction interministérielle du numérique (DINUM) peut ainsi accompagner les différentes autorités publiques à construire des guichets respectant le principe « Dites-le-nous une fois ». De la même manière, les administrations doivent accepter que les usagers puissent faire, de bonne foi, des erreurs et vouloir les corriger, spontanément ou au cours d'un contrôle, sans être immédiatement considérés comme étant en faute. C'est donc désormais à l'administration de démontrer la mauvaise foi des usagers, étant entendu que ce principe ne s'applique pas aux récidivistes. Le plus souvent possible, cette correction doit pouvoir s'accompagner de conseils de la part de l'agent public qui prendra en charge la modification.

Sur le plan financier, la France a su prendre le tournant de la modernisation dès les années 2000. Ainsi, depuis 2001, la loi organique relative aux finances publiques (LOLF) est devenue la nouvelle constitution financière de l'État. Mise en œuvre pour la première fois en 2006, elle organise le budget de l'État par grandes missions, déclinées en programmes (les grandes catégories des services publics) et non plus par postes (personnel, frais généraux, etc.). Cela permet ensuite de mesurer la performance de chacun de ces programmes et de rendre des comptes devant le Parlement. De même, la gestion des finances publiques s'inscrit désormais dans une trajectoire de moyen terme. Depuis 2009, les lois de finances s'inscrivent dans le cadre d'un budget pluriannuel de l'État. Ce budget triennal, présenté dans le cadre de la loi de programmation des finances publiques (LPFP), définit la trajectoire de l'État, en donnant aux parlementaires et aux gestionnaires plus de visibilité. Il intègre ou aménage les éléments de pluriannualité figurant dans les lois d'orientation sectorielles. Il définit des plafonds de dépense au niveau des missions, qui sont déclinés de façon indicative au niveau des programmes. Du côté des finances sociales, des annexes de la loi de financement de la sécurité sociale (LFSS) définissent un cadre pluriannuel avec des projections quadriennales. Au demeurant, certains établissements publics peuvent passer avec l'État des contrats pluriannuels d'objectifs et de moyens (CPOM), ce qui permet aux équipes de se projeter mais aussi de passer en revue leurs missions stratégiques et les moyens associés avec leur tutelle.

D'un territoire à l'autre

Les services publics ne sont pas hors sol et ont vocation à être déclinés dans les territoires, avec la meilleure qualité possible, tout en s'adaptant aux caractéristiques locales. Voilà le délicat entre déconcentration des services de l'État, lesquels sont le plus souvent déclinés de manière homogène, et décentralisation, qui en confiant des compétences aux collectivités territoriales (communes, départements, régions) et à leurs établissements publics doit permettre de mieux prendre en compte les préoccupations locales. Depuis 1992, les services de l'État et les collectivités sont placés au même niveau par la loi : ils assurent ensemble l'administration territoriale de la République[2].

2. Loi n° 92-125 du 6 février 1992 relative à l'administration territoriale de la République.

Les services déconcentrés de l'État sont placés sous l'autorité des préfets, ils représentent 95 % des agents de la fonction publique d'État, laquelle est donc loin d'évoluer uniquement à Paris, en administration centrale, comme on l'entend parfois. Leur action est coordonnée au niveau régional, échelon qui est depuis 2004 le cadre de référence en la matière[3]. Des vagues de simplifications successives ont été engagées depuis lors, pour aboutir globalement au schéma actuel dans chaque région :

- direction régionale de l'économie, de l'emploi, du travail et des solidarités (DREETS) ;
- direction régionale de l'environnement, de l'aménagement et du logement (DREAL) ;
- direction régionale de l'alimentation, de l'agriculture et de la forêt (DRAAF) ;
- direction régionale des affaires culturelles (DRAC) ;
- direction régionale des finances publiques (DRFIP) ;
- rectorat de région académique, qui dispose d'une délégation régionale académique à la jeunesse, à l'engagement et aux sports (DRAJES) ;
- agence régionale de santé (ARS).

---

3. Décret n° 2004-374 du 29 avril 2004 relatif aux pouvoirs des préfets, à l'organisation et à l'action des services de l'État dans les régions et départements.

Au niveau départemental, des directions interministérielles sont mises en place pour favoriser un déploiement homogène des politiques publiques, en capitalisant sur les synergies[4]. Certaines directions départementales, comme celles des finances publiques ou de l'éducation nationale, conservent leur périmètre propre, compte tenu de leur action ciblée. Autant que possible, des secrétariats généraux communs sont créés pour assurer les fonctions support. Cette réforme territoriale de l'État a été déclinée en miroir de la décentralisation engagée dans les années 1980 afin de s'assurer que chaque acteur local puisse s'adresser au bon interlocuteur sans avoir besoin de se tourner vers Paris.

Les collectivités territoriales ont fait l'objet de réformes successives pour parvenir à l'organisation actuelle, centrée autour de trois blocs :

- les communes et leurs établissements de coopération intercommunaux (EPCI), assurant les services de proximité, avec une clause générale de compétence, dès lors qu'un intérêt public local existe. Les EPCI peuvent prendre différentes formes selon l'organisation territoriale, la communauté de communes étant la plus courante d'entre elles ;

4. Direction départementale des territoires (DDT) et de la mer (DDTM) en cas de façade maritime, direction départementale de l'emploi, du travail et des solidarités (DDETS), direction départementale de la protection des populations (DDPP).

- les départements, lesquels mettent l'accent sur la solidarité et la cohésion territoriale. Ils prennent ainsi en charge l'aide sociale à l'enfance (ASE), la protection maternelle et infantile (PMI) ou encore la gestion du revenu de solidarité active (RSA) ;
- les régions, qui deviennent l'échelon pertinent en matière de développement économique du territoire. Pour ce faire, leurs compétences demeurent larges, touchant aussi bien au logement et aux politiques de la ville qu'à la culture, l'éducation et la science. Elles sont en particulier chargées d'« assurer la préservation de [leur] identité et la promotion des langues régionales[5] ».

Cette organisation appelle à des débats fréquents sur le modèle idéal et sur les règles de coopération entre ces structures. Le nombre élevé de communes par rapport à nos voisins européens a été mis en cause. Si les uns le considèrent comme un facteur de démocratie et de proximité, les autres y voient un frein à la modernisation des services publics et la source de doublons coûteux. Les réformes engagées tentent de préserver cet équilibre. Il existe désormais moins de 35 000 communes en France, du fait des différentes incitations à la fusion :

5. Article L 4221-1 du code général des collectivités territoriales (CGCT).

en 2024, elles étaient 34 935, avec 1 254 EPCI adossés[6]. Ce dernier échelon est souvent critiqué et perçu comme bureaucratique, il correspond pourtant bien aux modes de vie des Français. Ainsi, l'Insee dénombre 1 707 bassins de vie sur le territoire, c'est-à-dire le plus petit territoire sur lequel les habitants ont accès aux services habituels[7] (commerces, écoles, banque, station-service, médecins, poste, piscine, etc.). Dès lors, l'existence de collectivités calibrées à cette échelle demeure pertinente. Pour ce qui est des territoires les plus urbanisés, le statut de métropole a été créé par la loi[8]. Il s'agit de la forme la plus intégrée de coopération intercommunale. Il en existe 21, de Nice-Côte d'Azur, créée en 2012, à Saint-Étienne Métropole, créée en 2018. Deux ont un statut particulier : la métropole du Grand Paris et Aix-Marseille-Provence, du fait des spécificités de ces territoires. Notons que la métropole de Lyon n'est… pas une métropole, mais une collectivité territoriale à statut particulier, qui remplace depuis 2015 la communauté urbaine et le département.

---

6. Direction générale des collectivités locales (2024), bulletin d'information statistique, mars 2024.

7. Insee (2022), Base des bassins de vie.

8. Créées par la loi de réforme des collectivités territoriales de 2010, leur périmètre actuel est défini par les lois de modernisation de l'action publique territoriale et d'affirmation des métropoles (MAPTAM) de 2014 et portant nouvelle organisation territoriale de la République (NOTRe) de 2015.

Le modèle parfait n'existe donc peut-être pas, mais les années 2010 auront permis de nombreuses expériences, lesquelles ont été poursuivies avec la fusion des régions françaises en 2015, par la loi NOTRe, faisant passer leur nombre de 22 à 13. À ce stade, les premières évaluations montrent que les économies dégagées restent limitées[9] et que la nouvelle organisation a contribué à éloigner les régions des citoyens, en mettant l'accent sur l'augmentation de leur territoire, plutôt que sur l'élargissement de leurs compétences, contrairement au modèle des *Länder* allemands. Pour autant, ces fusions semblent avoir augmenté la mobilité sur le marché du travail, favorisant la baisse du taux de chômage et ainsi la dynamique économique régionale[10].

En marge de ce phénomène national, la région Alsace ayant disparu, les conseils départementaux du Haut et du Bas-Rhin ont fusionné pour former la collectivité européenne d'Alsace, qui exerce seule les compétences départementales et des compétences spécifiques, notamment en matière de coopération transfrontière[11]. Plus

9. Cour des comptes (2019), « Les finances publiques locales, La situation financière des collectivités territoriales et de leurs établissements publics en 2018 ».

10. Wilner L. (2021), « Fusion des régions : quels effets perceptibles par la population ? », Institut des politiques publiques.

11. Loi n° 2019-816 du 2 août 2019 relative aux compétences de la Collectivité européenne d'Alsace.

au Sud, la collectivité de Corse a vu ses compétences élargies à la même époque. En Outre-Mer, la modernisation de l'action publique fait face à un double mouvement. Depuis la révision constitutionnelle de 2003, d'un côté les départements et régions d'outre-mer (DROM) appliquent les mêmes règles qu'en métropole, sauf si un texte prévoit le contraire, et de l'autre côté les collectivités d'outre-mer (COM) ont une autonomie plus grande, dont les contours sont définis pour chacune par une loi organique. La Nouvelle-Calédonie bénéficie quant à elle d'un statut, encadré par la Constitution, encore plus dérogatoire. Au vu des émeutes qui ont marqué ce territoire en 2024 après 36 ans de paix, dans le cadre du processus d'autodétermination, on ne peut que constater que la bonne formule n'a probablement pas encore été trouvée. La crise politique et économique profonde que traverse ce territoire, marqué par un processus de décolonisation unique au monde, aura nécessairement des conséquences stratégiques dans toute la zone indopacifique[12]. Plus globalement, ce sont les territoires d'outre-mer, dans leur ensemble, qui devront faire l'objet de davantage d'ambition, tant ils sont en phase avec une France ouverte sur la mondialisation[13].

---

12. Guilhem L. (2025), *La Nouvelle-Calédonie*, Que sais-je ?

13. Jégo Y. (2025), *C'est où la France ? – Plaidoyer pour la France du monde.*

De ces quarante années de décentralisation et d'expériences parfois contraires, des incertitudes demeurent. Les communes françaises restent très nombreuses : 49,6 % d'entre elles comptent moins de 500 habitants et 71,6 % moins de 1 000 habitants. Nos voisins européens sont parvenus à conduire des réformes de rationalisation efficaces. En effet, une commune italienne compte en moyenne 7 960 habitants, une commune allemande 7 450 habitants, quand une commune française en compte 1 891[14]. Cette masse critique permet de rendre de meilleurs services aux citoyens, tout en préservant la démocratie locale. Les départements, quant à eux, retrouvent un rôle plus affirmé depuis l'agrandissement des régions. Des récentes lois ont ainsi ouvert la voie à davantage de transfert de compétences[15]. Leur rôle, pris en tenaille entre des EPCI et métropoles de plus en plus puissants, et des régions très affirmées, devra toutefois continuer à être précisé.

14. Cour des comptes (2023), Rapport public, « La décentralisation 40 ans après : un élan à retrouver ».

15. Loi du 27 décembre 2019 relative à l'engagement dans la vie locale et à la proximité de l'action publique (EVL) de 2019 et loi du 21 février 2022 relative à la différenciation, la décentralisation, la déconcentration (3DS) de 2022.

Des services publics industriels et commerciaux

Lorsqu'on évoque les services publics, on peut penser successivement à deux grandes catégories. Il y a d'abord l'administration, ses bureaux et même ces fameuses collectivités locales que nous venons d'évoquer, mais il y a aussi les grandes entreprises publiques, qui fournissent des biens ou des services en échange d'une redevance perçue sur les usagers concernés et qui ont des modalités d'organisation assez semblables à des entreprises privées. Les juges ont bien délimité la différence entre ces deux types de services publics, avec tout ce que cela emporte en termes d'application des règles de droit[16]. Si ces entreprises sont publiques, c'est en général pour des raisons de monopole naturel. Il s'agit de situations où la gestion d'une activité par une seule structure est plus efficace que si plusieurs entreprises étaient mises en concurrence. Cette situation se retrouve en particulier dans les activités en réseau, comme les transports ou l'énergie, qui nécessitent de lourds investissements dans des infrastructures et des coûts fixes d'exploitation très élevés.

Depuis la fin du XIXe siècle, les modes de gestion par les autorités publiques de ces services industriels

16. Tribunal des conflits, 1921, *Société commerciale de l'Ouest africain.*

et commerciaux rendus par des structures publiques ont bien évolué, suivant un double mouvement. Le premier est celui du retour de la propriété privée des entreprises en situation de monopole naturel. On observe à partir des années 1990 un retour progressif à la propriété privée, avec des ouvertures de capital (Air France en 1994, France Télécom en 1997, EDF en 2005, Française des jeux en 2019), même si l'État reste l'unique propriétaire de certaines entités (SNCF, France Télévisions ou La Poste) et que des renationalisations sont aussi observées, comme celle d'EDF en 2023. La stratégie de l'État est d'autoriser ces entités à se tourner vers les investisseurs pour leur permettre de financer leur développement et même, dans une certaine mesure, leur internationalisation, en développant leurs activités à l'étranger, participant ainsi au rayonnement international de la France. Dès lors, secteur public et service public ne se recoupent plus parfaitement. En effet, les entreprises privatisées peuvent conserver des obligations de service public et les délégations de service public à des acteurs privés se multiplient. Cette question reste toujours l'objet de vifs débats.

Le second mouvement, initié par les institutions européennes, est celui de la dissociation progressive du service proposé au consommateur et du réseau d'exploitation, ce qui permet l'ouverture à la concurrence pour tout ce qui ne présente pas strictement le caractère de monopole naturel. Pour les chemins de fer, on peut ainsi distinguer l'infrastructure ferroviaire, qui reste entièrement publique, et la circulation des trains, qui est ouverte à la concurrence. Dans le secteur de l'énergie, on peut distinguer les producteurs d'énergie d'un côté et les fournisseurs de l'autre, lesquels assurent la relation avec le consommateur final et achètent des volumes d'énergie en gros auprès des premiers. Plus globalement, il s'agit de séparer l'infrastructure en elle-même, qui est le plus souvent un monopole naturel, et l'offre des services finaux, pour laquelle la concurrence peut jouer efficacement. Cette distinction est permise par le développement des nouvelles technologies, l'harmonisation des normes et par des innovations juridiques. Les études empiriques ont, par exemple, montré que la séparation entre la production et la distribution de l'électricité, et l'introduction de marchés, s'étaient traduites par une baisse du prix de l'électricité[17]. De même, une étude sur les vols au départ de l'aéroport d'Atlanta a révélé que le prix des vols sur une liaison donnée était en moyenne inférieur de 16 % lorsqu'il existait une offre concurrente[18].

---

17. Steiner F. (2001), « L'industrie de l'électricité : réglementation, structure du marché et performances », *Revue économique de l'OCDE*.

18. Fischer T. et Kamerschen D. (2003), « Price-Cost Margins in the US Airline Industry using a Conjectural Variation Approach », *Journal of Transport Economics and Policy*, Université de Bath.

En France, ce mouvement a concerné la plupart des industries de réseau. Dans le domaine aérien, environ 250 compagnies se partagent l'offre de transport (les créneaux de décollage et d'atterrissage sont attribués par la DGAC) et la Commission européenne a lancé une initiative visant à l'instauration d'un ciel européen unique, pour favoriser la concurrence entre compagnies autour des trois aéroports européens majeurs, que sont Paris-Charles de Gaulle, Amsterdam-Schiphol et Francfort. Du côté du rail, l'exploitation s'est ouverte progressivement à la concurrence (fret international en 2003, fret intérieur en 2006, transport international de passagers en 2009, transport intérieur de passagers en 2020). Au niveau régional, la mise en concurrence peut avoir lieu au moment de l'appel d'offre : une seule compagnie obtient le droit d'exploitation, mais pendant une période limitée. Dans le domaine des télécommunications, des opérateurs alternatifs à Orange (ex-France Telecom) sont autorisés depuis 1998 à intervenir sur le marché et utiliser le réseau de ce dernier. Dans le domaine de l'énergie, des fournisseurs alternatifs à EDF sont également autorisés depuis 2007 à approvisionner. Enfin, dans le domaine de l'audiovisuel, l'Arcom attribue les créneaux et fréquences aux chaînes et stations concurrentes.

Il existe cependant des marges de progression en matière de concurrence pour l'offre de services finaux. La principale source d'amélioration réside à ce jour dans un renforcement de la concurrence entre offreurs de services finaux dans les industries de réseau. Ainsi, au sein de l'Union européenne, à l'exception du transport aérien de passagers et de la téléphonie mobile, le niveau de concurrence demeure perfectible. D'après Eurostat en effet, le coefficient de variation des prix entre les 27 États membres atteignait, en 2023, 26 % pour l'énergie, 25,5 % pour les transports et 24,5 % pour les télécommunications, contre 5 % par exemple pour les équipements électroniques. Selon une étude produite par les services de la Commission européenne, cette situation découle d'un niveau de concentration qui demeure élevé dans l'offre de services finaux[19]. En 2010, la part de marché moyenne du plus gros acteur dans chaque pays de l'Union apparaissait ainsi supérieure à 60 % pour la distribution du gaz et de l'électricité et le transport ferroviaire. En 2024, en France, la SNCF représentait encore environ la moitié du marché du fret ferroviaire, EDF et Engie 60 % de la distribution d'électricité et 55 % de gaz, pour les clients résidentiels, par rapport aux autres fournisseurs[20].

---

19. Maincent E. (2023), « Le fonctionnement de marché des industries en réseau : communications électroniques, énergie et transport ».

20. Commission de régulation de l'énergie, 2024, « Observatoire, les marchés de détail de l'électricité et du gaz naturel ».

De fait, des barrières limitent l'entrée de nouveaux concurrents sur le marché des services finaux. Dans le secteur de l'énergie, les consommateurs peuvent se sentir, parfois à raison, protégés par les tarifs réglementés. Dans le secteur ferroviaire, les relations entre l'opérateur du réseau (SNCF Réseau), le fournisseur de services principal (SNCF Voyageurs) et l'autorité de régulation mériteraient probablement d'être fluidifiées[21]. Pour autant, les situations de crise montrent les limites de ce modèle et rappellent l'importance de conserver une dimension publique forte dans la régulation, voire dans l'exploitation. Par exemple, lors des tensions persistantes entre 2022 et 2023 sur les marchés de l'énergie, du fait du conflit en Ukraine, les fournisseurs d'énergie privés ont été contraints de répercuter à leurs clients les fortes hausses des prix. Ce fut moins le cas des opérateurs publics qui doivent respecter le tarif réglementé, lequel a permis de limiter l'impact du conflit sur l'activité et donc la croissance économique. Sur le long terme, un équilibre devra donc être trouvé.

Ainsi, qu'ils soient administratifs, industriels ou commerciaux, pilotés par un établissement public, une collectivité locale ou une entreprise publique, les services publics n'ont pas d'autre choix que de s'adapter pour faire face aux enjeux de l'époque.

---

21. Spinetta J.-C. (2018), rapport au Premier ministre sur l'avenir du transport ferroviaire.

Ces stratégies de modernisation sont multiples, évolutives selon les priorités des gouvernements successifs. Surtout, elles font l'objet de vifs débats et le fragile consensus politique qui existait au début des années 2000 s'est brisé face aux difficultés de terrain. Une chose est certaine : ces services tels qu'ils évolueront au XXIe siècle devront nécessairement prendre en compte toujours davantage la double transition à l'œuvre : environnementale et numérique.

Chapitre 12
La double transition

Lorsque l'on consulte les annales des concours administratifs, c'est-à-dire l'historique des épreuves de recrutement qui permettent de sélectionner les nouveaux agents publics, il est frappant de constater que, depuis le milieu des années 2010, deux thèmes reviennent constamment : le numérique et l'environnement. En première analyse, on peut se dire qu'ils n'ont absolument rien en commun, voire que tout les oppose : le développement des technologies numériques se traduit par une augmentation de notre consommation d'énergie, alors que les politiques de développement durable appellent à la sobriété énergétique. Pour autant, ces deux thèmes ont en commun d'être des processus de transition, c'est-à-dire qu'il s'agit de réorganiser la manière dont les services publics fonctionnent. Ainsi, on n'imagine plus devoir remplir un formulaire sous format papier pour commencer une démarche administrative ; c'était pourtant encore très fréquent il y a une dizaine d'années (et c'est en réalité encore parfois le cas !). De même, on serait surpris dans un hôpital ou une école de ne pas voir de poubelles dédiées au recyclage. Ces changements paraissent anodins, alors qu'ils ont nécessité la réorganisation complète d'activités, qui n'avaient parfois jamais vraiment évolué depuis leur instauration.

Au demeurant, ces transitions ont aussi le point commun d'être lentes et difficiles, car elles sont coûteuses et changent des habitudes bien installées. Elles sont même souvent considérées, à juste titre, comme trop lentes, face à l'urgence climatique ou compte tenu de la rapidité de nos concurrents à s'approprier les technologies numériques. Surtout, elles sont généralisées : elles touchent le fonctionnement des services publics en eux-mêmes mais également l'ensemble des secteurs d'activité avec lesquels ils interagissent. Malgré leurs nombreuses différences, transition écologique et transition numérique relèvent bien ainsi de la même dynamique de transition qui traverse les services publics. Les enjeux d'innovation, de régulation, de conduite du changement, de levée de fonds sont nombreux et, dans les deux cas, la tâche est titanesque.

Urgence de l'action

Au début des années 2020, avec la pandémie de Covid-19, puis la guerre en Ukraine, le retour de l'inflation ou encore l'instabilité politique aux États-Unis, notre regard a eu tendance à se recentrer sur les enjeux de court terme. Pour autant, la réalité de l'urgence de la décision refait surface fréquemment dans notre quotidien. En 2024, la généralisation d'outils d'intelligence artificielle pour le grand public a rappelé que des progrès considérables étaient toujours à l'œuvre et que, malheureusement, l'Europe n'était pas en tête de la course. De même, la manière dont le cyclone Chido a ravagé Mayotte en décembre 2024 a rappelé aux Français que même lorsqu'on ne pense plus à l'impact des changements climatiques, ceux-ci se rappellent cruellement à nous et dans ces moments-là, ce sont toujours les services publics qui se trouvent en première ligne – qu'il s'agisse d'atténuer les effets du changement climatique, d'adapter nos modes de vie ou de soutenir les innovations.

À partir du milieu des années 2010, la question climatique a été inscrite plus fermement à l'agenda politique mondial, en particulier grâce à l'accord de Paris adopté en 2015, avec l'implication forte de Laurent Fabius, ministre des affaires étrangères, sous la présidence de François Hollande (2012-2017). Bien que cet accord ait été critiqué, notamment en ce qui concerne ses mécanismes de financement, il a marqué une avancée en consacrant la protection de l'environnement comme une responsabilité de premier ordre pour les États, et non plus comme une préoccupation secondaire. Ainsi, les effets du changement climatique sur l'environnement justifient à eux seuls une redirection des financements publics et privés. De nombreuses études convergent pour alerter sur une hausse inéluctable des températures mondiales, accompagnée d'une multiplication des incendies, inondations et sécheresses. L'Europe ne sera pas épargnée[1]. Les conséquences économiques seront lourdes : sans action publique efficace, une augmentation continue de 0,04 °C par an pourrait entraîner une chute de plus de 7 % du PIB mondial par habitant d'ici à 2100[2]. En 2020, les catastrophes naturelles ont causé 210 milliards de dollars de dommages, dont 70 % liés au réchauffement climatique d'origine humaine[3]. Ces pertes exprimées financièrement peuvent paraître abstraites, pourtant il ne s'agit que d'une mesure de la dégradation du bien-être

---

1. Guerreiro S. *et al.* (2018), « Future heat-waves, droughts and floods in 571 European cities », Environmental Research Letters, volume XIII, n° 3.

2. Kahn M. *et al.* (2019), « Long-Term Macroeconomic Effects of Climate Change: A Cross-Country Analysis », IMF Working Paper, 19/215.

3. Lagarde C. (2021), Keynote speech at the ILF conference on Green Banking and Green Central Banking, Frankfurt-sur-le-Main, 25/01.

des populations concernées : appauvrissement, moindre efficacité du tissu économique et donc recettes fiscales en baisse. Dans ces situations, ce sont malheureusement toujours les infrastructures et services publics qui sont les premiers à souffrir d'une baisse de leur qualité. Toutefois, la transition rapide et nécessaire vers un nouveau modèle aura des répercussions sur l'ensemble des acteurs économiques[4].

Les organisations humaines – entreprises, administrations ou même associations – connaissent bien les processus de transition, pour intégrer une innovation, préserver un modèle économique ou faire face à la concurrence d'un nouvel entrant. Cette transition écologique doit toutefois avoir lieu en même temps que la transition numérique, qui est aussi très coûteuse. En cas de retard, le risque est de subir un décrochage durable et irrattrapable par rapport à nos partenaires économiques, qui pourrait dégrader notre place dans la compétition économique mondiale et entraîner une diminution de notre bien-être collectif par rapport à nos voisins. L'économie numérique est ainsi devenue un gisement de croissance considérable : le secteur a progressé trois fois plus vite que l'ensemble de l'économie des pays de l'OCDE entre 2013 et

4. Villeroy de Galhau F. (2020), « The green swan: central banking and financial stability in the age of climate change », préface, BRI.

2023, avec un taux de croissance annuel moyen de 7,6 % en 2023[5]. En France, durant cette dernière année, le taux de croissance du secteur des technologies de l'information et la communication a progressé de 6,65 %, contre 0,9 % pour l'économie française dans son ensemble. En cas de décrochage, le risque est celui d'une perte de souveraineté technologique qui risquerait de nous priver de notre capacité à prendre des décisions en toute indépendance, pour nos économies, notre sécurité, nos modèles de société et nos démocraties – surtout dans un monde où l'intelligence artificielle (IA) serait généralisée.

Lenteur des décisions

Face à ce choc environnemental et numérique, tous les services publics sont mobilisés, tant au niveau national qu'international, pour mener la double transition de manière efficace. En matière de régulation économique, l'Union européenne a mis en place le système d'échange de quotas d'émission de gaz à effet de serre (SEQE-UE), qu'on appelle parfois plus simplement le marché du carbone. L'un des défis majeurs de ce dispositif réside dans la hausse progressive du prix

5. OCDE (2024), « Perspectives de l'économie numérique de l'OCDE 2024 (Volume 1) : Cap sur la frontière technologique », Éditions OCDE, Paris.

du carbone, pour que ce système devienne vraiment contraignant à terme. Cela ne pourra se faire que si des alternatives crédibles sont suffisamment développées. Il y a quinze ans, une fiscalité verte trop brutale aurait pu provoquer un choc économique. Aujourd'hui, grâce aux avancées technologiques, l'énergie solaire est devenue plus compétitive que les nouvelles centrales au gaz ou au charbon[6]. Ce marché du carbone est progressivement complété depuis 2023 par un mécanisme d'ajustement carbone aux frontières (MACF). Par ailleurs, en matière de politique budgétaire, des économistes comme Michel Aglietta (1938-2025) appellent à un véritable « green new deal[7] », fondé sur des investissements publics massifs en faveur de la transition énergétique. C'est la logique du pacte vert européen (ou *European Green Deal*), adopté et renforcé au début des années 2020.

L'intervention des pouvoirs publics se justifie d'un point de vue environnemental, car le climat constitue un bien public : il est à la fois non rival et non exclusif. Tous les agents économiques profitent d'un environnement sain, mais

6. Agence internationale de l'énergie (2020), « World Energy Outlook 2020 ».

7. Aglietta M. et Espagne E. (2020), « Et maintenant, quel Green New Deal ? Perspectives pour une écologie politique », in *L'Économie mondiale 2021*, CEPII.

aucun ne peut en supporter seul le coût. Cette situation incite chacun à adopter un comportement de passager clandestin, comptant sur les efforts des autres pour agir à sa place. Dans ce contexte, seules les autorités publiques disposent des moyens nécessaires pour instaurer des mécanismes contraignants et des incitations efficaces afin de financer la transition climatique. Par ailleurs, la réglementation leur permet de conduire les réformes structurelles indispensables pour mieux intégrer les externalités négatives engendrées par les activités économiques sur le climat et l'environnement. Notre tendance à privilégier le court terme, souvent accentuée par des effets d'aveuglement, renforce la légitimité de l'intervention publique afin de mieux intégrer les enjeux de long terme. Cela est d'autant plus nécessaire que les autorités publiques elles-mêmes ont naturellement tendance à se focaliser sur des objectifs à court ou moyen terme. Mark Carney, qui fut gouverneur des banques centrales anglaises et canadiennes, et Premier ministre du Canada depuis 2025, avait parlé de « tragédie des horizons » pour décrire ce phénomène, dans un discours de 2015 devenu célèbre : « Nous n'avons pas besoin d'une armée d'actuaires pour nous dire qu'on constatera les impacts catastrophiques du changement climatique au-delà de l'horizon habituel de la plupart des acteurs, imposant un coût aux générations futures que les générations actuelles n'ont pas d'intérêt direct à régler[8]. »

Du côté du numérique, la transition des services publics vers une nouvelle offre s'est engagée dès les années 1990. L'enjeu est de trouver le bon équilibre pour tirer le meilleur des innovations, tout en prenant soin des 16 millions de résidents sur le territoire français qui ne sont pas encore à l'aise avec ces technologies. Ce phénomène d'illettrisme électronique touche toutes les catégories sociales et tous les âges : ainsi, 20 % des jeunes ne sont pas connectés ou rencontrent des difficultés face aux usages numériques. De France Connect, qui permet de s'authentifier plus aisément lors de l'usage de services en ligne, à la carte d'identité sous format numérique, beaucoup a été fait, mais beaucoup reste encore à faire, notamment pour faciliter la gestion des processus administratifs dans les grands services publics de guichet (hôpital, sécurité sociale, impôts, etc.). Plus globalement, il s'agit pour les services publics d'accompagner les différents secteurs d'activité dans leur modernisation numérique. Alors que l'intelligence artificielle se développe à la vitesse de l'éclair aux États-Unis ou en Asie, il est parfois difficile pour les Européens d'admettre que nous ne sommes

8. Carney M. (2015), « Breaking the tragedy of the horizon – climate change and financial stability », discours au Lloyd's of London, Banque d'Angleterre.

pas toujours en première ligne, même si de belles réussites ont aussi émergé chez nous.

VERS DE NOUVELLES MÉTHODES

Face à l'urgence de la transition écologique, les approches traditionnelles se confrontent à des problèmes d'horizon et de coopération. Le manque de volonté des parties prenantes identifié au niveau national se retrouve même en réalité au niveau international. Pour transformer efficacement les services publics, il est donc probablement nécessaire de reconnaître que l'environnement constitue un bien public à l'échelle mondiale. Cette approche repose sur une transposition à l'échelle internationale de la notion classique de bien public[9] : les biens publics mondiaux sont accessibles à l'ensemble des États, même si aucun d'entre eux ne possède, seul, un intérêt immédiat à les produire. Cette logique est spécialement pertinente en matière environnementale, dans la mesure où sa préservation ne bénéficie pas uniquement à ceux qui y investissent directement, mais à l'ensemble de la planète. Cette universalité d'accès génère des comportements de passager clandestin : si les bénéfices sont partagés, les incitations individuelles à l'effort commun peuvent

9. Kindleberger C. (1986), « International Public Goods without International Government », *The American Economic Review.*

être faibles, d'où l'exigence d'une gouvernance collective adaptée.

Une gouvernance environnementale doit permettre la coordination entre États, malgré leurs préférences divergentes et leurs niveaux de développement inégaux. Un pays fortement industrialisé n'a pas les mêmes priorités écologiques qu'un pays en développement dépendant de ses ressources naturelles pour survivre. Pourtant, la durabilité suppose une coordination intertemporelle, intégrant les intérêts des générations futures. La destruction des écosystèmes, la perte de biodiversité, y compris maritime, ou encore le changement climatique ne connaissent pas de frontières : leurs conséquences affectent indistinctement tous les pays, *via* des canaux directs (catastrophes naturelles, perturbations agricoles, migrations climatiques) et indirects (instabilités économiques, crises sanitaires, conflits géopolitiques).

Ainsi, considérer l'environnement comme un bien public mondial permet de refonder la logique d'action des services publics. Ces derniers ne doivent plus être pensés uniquement à l'échelle nationale, mais avec une perspective mondiale. Il s'agit de concevoir des politiques publiques capables de répondre à la complexité des défis écologiques, en intégrant des principes de coopération internationale, de solidarité intergénérationnelle, et de responsabilité partagée mais différenciée. Le programme des Nations unies pour le développement (PNUD) a d'ailleurs classé l'environnement parmi les biens publics mondiaux dès 1999[10], en soulignant notamment sa dimension de bien naturel à risque d'exploitation, aux côtés des biens d'origine humaine (connaissances, santé publique, sécurité, etc.), qui courent, eux, un risque d'abandon. Dans les deux cas, l'inaction ou les décisions unilatérales compromettent l'intérêt collectif mondial.

Transformer les services publics dans cette optique, c'est d'abord définir de nouvelles normes communes, capables d'orienter les politiques environnementales vers des objectifs partagés : neutralité carbone, transition énergétique, adaptation climatique, préservation des ressources biologiques maritimes et terrestres. C'est aussi identifier des modes de financement innovants, adaptés à la temporalité longue des investissements écologiques et à la diversité des capacités des États : taxes environnementales, fonds de transition, dettes vertes, etc. Les services publics doivent devenir les vecteurs d'une transition écologique où les actions locales s'inscrivent dans des objectifs globaux. Cette vision impose une refonte transversale des services publics, qui devront toujours mieux articuler leurs politiques de transport, d'urbanisme, de santé, d'éducation ou encore d'agriculture avec des

---

10. PNUD (1999), *Les biens publics mondiaux : La coopération internationale au XXIe siècle.*

critères de durabilité. En d'autres termes, l'efficacité de l'ensemble des services publics ne peut plus être mesurée uniquement à l'aune de leur accessibilité ou de leur performance économique immédiate. Elle doit intégrer leur capacité à préserver et à régénérer les ressources naturelles, à protéger les écosystèmes et à favoriser un développement humain respectueux des limites planétaires.

L'autre grande transformation des services publics que nous observons, la transition numérique, peut être accélérée en suivant la même logique de bien public au niveau européen[11]. Dans un contexte de défis communs – géopolitiques, environnementaux et technologiques – la numérisation des services publics s'inscrit dans un mouvement plus large de renforcement de l'autonomie stratégique de l'Union européenne, justifiant un traitement collectif. Ainsi, l'un des principaux enseignements du rapport Draghi de 2024 est la reconnaissance du numérique comme secteur prioritaire d'investissement stratégique en Europe[12], à fort potentiel d'externalités positives, notamment en matière d'infrastructures, de cybersécurité, de protection des données et de souveraineté technologique. Or, ces dimensions

11. Poncins B. et Hanania H. (2025), « Identifier les biens publics européens : fondements économiques et défis pratiques », *Bulletin de la Banque de France.*

12. Draghi M. (2024), *A competitiveness strategy for Europe.*

dépassent nettement les frontières nationales. Elles exigent des normes communes, des plateformes interopérables, des capacités partagées et une réponse collective aux menaces. En cela, la construction de systèmes d'information européens robustes présente des traits caractéristiques de biens publics européens, au sens où leur production et leur consommation bénéficient à l'ensemble des citoyens européens sans pouvoir être restreintes à un seul État membre.

Au demeurant, les coûts considérables générés par la transformation numérique dans de nombreux secteurs d'activités (santé, éducation, fiscalité, etc.) rendent souhaitable la mutualisation des coûts liés à des infrastructures aux rendements d'échelle élevés. Développer des systèmes d'identité numérique, des services de santé interconnectés ou des bases de données sécurisées à l'échelle européenne permettrait de réduire les coûts unitaires tout en augmentant la résilience générale du système. La centralisation, partielle ou totale, d'investissements numériques au niveau européen, comme c'est déjà le cas pour certains programmes (par exemple, le programme pour une Europe numérique), permettrait d'accélérer cette transition. La forte présence d'acteurs privés, les différences de technologies employées, de culture administrative et de priorités nationales complexifient l'harmonisation des approches. C'est pourquoi une approche granulaire est souhaitable :

plutôt que de viser une uniformisation totale, l'UE pourrait cibler certains champs d'action précis, où les préférences sont plus homogènes – comme la cybersécurité ou la souveraineté des données.

Au-delà de l'identification de supports d'investissement, la question du financement demeure, les instruments budgétaires européens restant encore trop limités, même si le programme NextGenerationEU, lancé lors de la pandémie de Covid-19, a permis des avancées sur la période 2021-2026. Une gouvernance adaptée devra être mise en place, fondée sur un modèle hybride qui tire le meilleur des niveaux européens et nationaux. À l'échelle européenne, il s'agirait d'identifier les investissements stratégiques à conduire. Au niveau national, la mise en œuvre pourra être engagée, en s'assurant que chaque État membre conserve ces objectifs communs. La transformation numérique des services publics en Europe est aussi une occasion d'apprendre à mieux décider ensemble.

D'une transition à l'autre, de nombreux enjeux opérationnels sont les mêmes : horizon temporel de long terme, nécessité d'une mise en œuvre à court terme et rôle des services publics pour mieux appréhender ces biens publics à l'échelle européenne ou mondiale. En revanche, leurs conséquences sont de nature bien différente. Décrochage économique dans un cas, destruction de notre cadre de vie dans l'autre. L'un est donc un problème, désagréable et qui peut aboutir à une réduction de notre bien-être, quand l'autre est une catastrophe. En revanche, le développement incontrôlé du numérique peut mettre en danger la transition écologique. Le progrès technologique toujours plus rapide a fait évoluer, souvent pour le meilleur, nos modes de vie, mais nous donne aussi de nouvelles responsabilités, comme le signalait Paul Valéry dans son *Propos sur le Progrès* en 1929 : « Louis XIV au faîte de sa puissance n'a pas possédé la centième partie du pouvoir sur la nature et des moyens de se divertir, de cultiver son esprit, ou de lui offrir des sensations, dont disposent aujourd'hui tant d'hommes de condition assez médiocre. » Voilà qui ne peut que nous inciter à agir vite.

Chapitre 13
Mieux prélever pour mieux servir

Pour mieux comprendre le monde, nous avons tendance à découper les faits en petits morceaux. Cela les rend plus digestes et permet d'avancer par petits pas, mais cela nous fait aussi parfois perdre la vue d'ensemble. Il est vrai qu'en matière d'action publique, lorsque l'on évoque la modernisation d'un service public ou l'évolution de telle ou telle grande politique publique, la tendance naturelle est simplement d'évoquer le fait que cela demandera un effort budgétaire supplémentaire. Pour autant, on se préoccupe rarement de la manière dont on va y parvenir, ou alors on se contente d'évoquer la création d'une nouvelle taxe ciblée, voire de souligner que les efforts de lutte contre la fraude fiscale règleront le problème. C'est que, en réalité, nous avons tendance à distinguer la question du fonctionnement des services publics de celle de la bonne tenue des comptes publics, alors que ces deux questions sont indissociables. On a vu dans la première partie de cet ouvrage que notre cadre de finances publiques était désormais contraint et qu'il nous fallait, le plus souvent possible, penser à cadre financier constant, voire en réduction, si nous voulions avoir une chance d'équilibrer à moyen terme les comptes publics[1].

Pour autant, des marges de manœuvres fiscales existent. Comment mieux prélever l'impôt pour concilier efficacité du marché et performance publique ? Comment parvenir à concilier efficacité économique et équité grâce à la redistribution ? Comment utiliser l'impôt pour modifier les comportements des agents économiques ? Des axes d'amélioration existent et tous les leviers doivent être mobilisés.

PANORAMA SOCIO-FISCAL

Le système fiscal français se structure traditionnellement en impôts directs et indirects. Les recettes fiscales s'articulent autour de trois grands axes. Tout d'abord, les impôts courants sur le revenu constituent la principale source de revenus fiscaux, avec environ 350 milliards d'euros en 2023.

---

1. Voir le chapitre 4 pour le cadre macroéconomique des finances publiques.

Ce total inclut notamment 147 milliards d'euros de contribution sociale généralisée (CSG), 97 milliards d'euros d'impôt sur le revenu des personnes physiques (IR) et 67 milliards d'euros d'impôt sur les sociétés (IS). Ensuite, la taxe sur la valeur ajoutée (TVA), impôt indirect prélevé sur la consommation des ménages, représente près de 205 milliards d'euros en 2023. Elle est complétée par d'autres impôts sur les produits, notamment énergétiques. Enfin, les impôts sur la production forment le troisième axe du système, totalisant 76 milliards d'euros, dont 41 milliards d'euros de taxes foncières.

Ventilation des recettes fiscales françaises en 2023

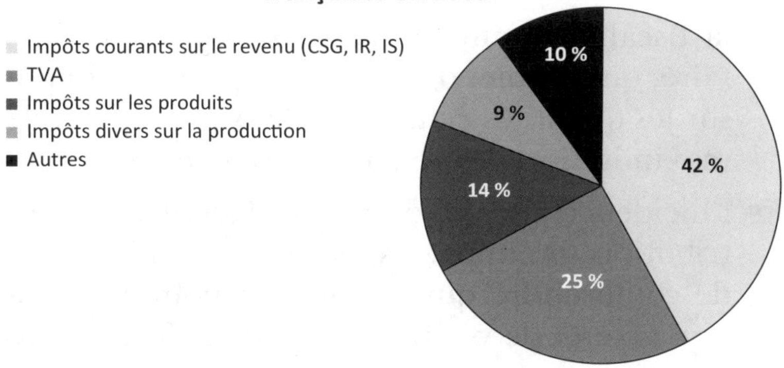

Source : *HONVO W. (2024), Panorama du système fiscal français en 2023, Le cercle des économistes.*

À ces recettes fiscales s'ajoutent les cotisations sociales, lesquelles financent les organismes de sécurité sociale (OSS) et donc la protection sociale. Ensemble ils forment, plus largement, les prélèvements obligatoires (PO), c'est-à-dire le système socio-fiscal. En 2023, les comptes nationaux enregistrent un produit net des cotisations sociales, après déduction des allègements de charges, de 410 milliards d'euros, hors cotisations de retraite versées par l'État à lui-même[2], ce qui en fait la première ressource publique.

Ce panorama, s'il informe sur les masses financières colossales nécessaires au fonctionnement de l'administration, n'apporte peut-être pas suffisamment de clarté sur le rôle social de l'impôt. Les économistes utilisent trois grands types de raisonnement pour analyser la fiscalité, sur lesquels nous allons nous appuyer pour avancer :

- la fiscalité optimale, dans un objectif budgétaire, qui permet d'étudier l'impact de l'impôt sur les quantités échangées dans un objectif de maximisation des ressources publiques ;
- l'incidence fiscale, dans un objectif de redistribution (ou impact redistributif), qui permet de comprendre qui acquitte économiquement une taxe et de vérifier si les objectifs de redistribution sont atteints ;
- la fiscalité dite « pigouvienne » (on y reviendra), dans un objectif comportemental, qui permet d'évaluer si une taxe modifie le comportement des agents économiques

2. Ecalle F. (2024), « Les cotisations sociales », FIPECO.

pour pallier l'existence d'une défaillance de marché.

En économie, on considère l'ensemble des prélèvements obligatoires indépendamment de leur statut juridique. Celui-ci peut être analysé uniquement pour évaluer les anticipations d'agents sur le caractère plus ou moins durable d'un prélèvement. L'impact économique d'un impôt, d'une taxe ou de cotisations sociales sera donc évalué avec les mêmes références théoriques.

De même, les subventions sont assimilées à des impôts négatifs. En effet, il s'agit bien d'une distorsion dans les termes d'un échange, introduite par l'État, qui modifie l'équilibre du marché. Ainsi, dans les deux cas les dotations initiales des agents se voient modifiées de manière positive ou négative, ce qui revient mathématiquement au même. Dès lors, on peut mesurer le caractère optimal et l'incidence de l'impôt sur le revenu, mais également ceux, par exemple, des aides personnalisées au logement (APL) en utilisant les mêmes mécanismes d'analyse théorique.

FISCALITÉ OPTIMALE ET RENDEMENT BUDGÉTAIRE

Si l'impôt peut être présenté comme un gain pour la collectivité quand on se concentre sur ses recettes nominales, il en va naturellement autrement, car l'instauration d'un impôt pèse sur les quantités échangées et donc sur l'efficacité du marché. Les gains budgétaires de l'État ne sont donc pas sans pertes pour la collectivité. D'une part, de manière marginale, les coûts administratifs de la fiscalité (i.e. le coût du recouvrement) doivent être déduits du montant perçu. Cependant, ils représentent un montant limité. En France, le taux d'intervention de l'ensemble des impôts directs et indirects est de 0,88 %. D'autre part, plus fondamentalement, l'essentiel du coût économique de l'impôt est lié à la perte sèche[3].

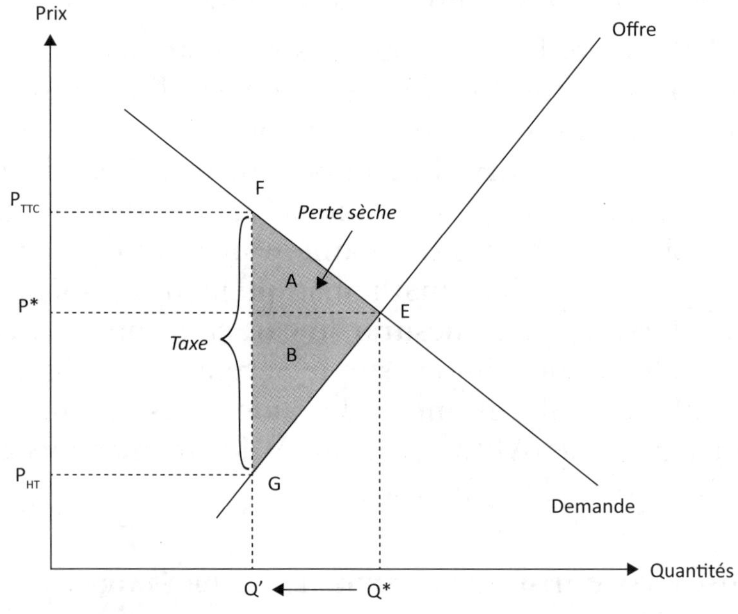

Source : *Bozio, A. et Grenet, J. (2017), Économie des politiques publiques, La Découverte.*

3. Siroën J.-M. (1995), « Dupuit et la pensée économique contemporaine », *Revue française d'économie.*

Formalisée en 1971 par l'économiste américain Arnold C. Harberger, la perte économique liée à l'introduction d'un impôt est mise en évidence comme étant l'aire AB présentée ci-dessus. Soit E le point d'équilibre sur un marché donné, croisement des droites d'offre et de demande. L'instauration d'une taxe entraîne la fixation d'un nouveau prix (PTTC), qui se traduit par une baisse des marges des offreurs (PHT) et donc potentiellement par la disparition de certains concurrents. La baisse de la demande liée au renchérissement du bien proposé entraîne un ajustement à la baisse des quantités proposées pour revenir à l'équilibre par déplacement vers la gauche de la droite d'offre. On note que la réduction des quantités échangées est d'autant plus forte que l'offre et la demande sont élastiques.

Dès lors, la théorie de la fiscalité optimale vise à étudier la manière dont il est possible de concilier objectif budgétaire pour l'État et bon fonctionnement de l'économie. Ainsi, la courbe de Laffer représente la relation positive entre croissance du taux d'imposition et croissance des recettes de l'État jusqu'à son inversion lorsque le taux d'imposition devient trop élevé, comme le montre l'illustration qui suit. De même, la règle de l'élasticité inverse[4] (ou règle de Ramsay) conseille de

4. Ramsey F. (1927), « A Contribution to the Theory of Taxation », *The Economic Journal.*

privilégier les assiettes peu sensibles aux taux (logements, immobilisations des entreprises, etc.) plutôt que les actifs financiers ou les hauts revenus qui sont très mobiles. Cette règle vaut bien sûr dans une logique budgétaire de fiscalité optimale et ne dit rien du caractère redistributif de l'impôt. Globalement, dans une logique de rendement, il s'agit de privilégier des assiettes larges et les taux bas (exemple : CSG. Contre-exemple : IR). Cela car le coût économique de l'impôt augmente plus que proportionnellement à son taux.

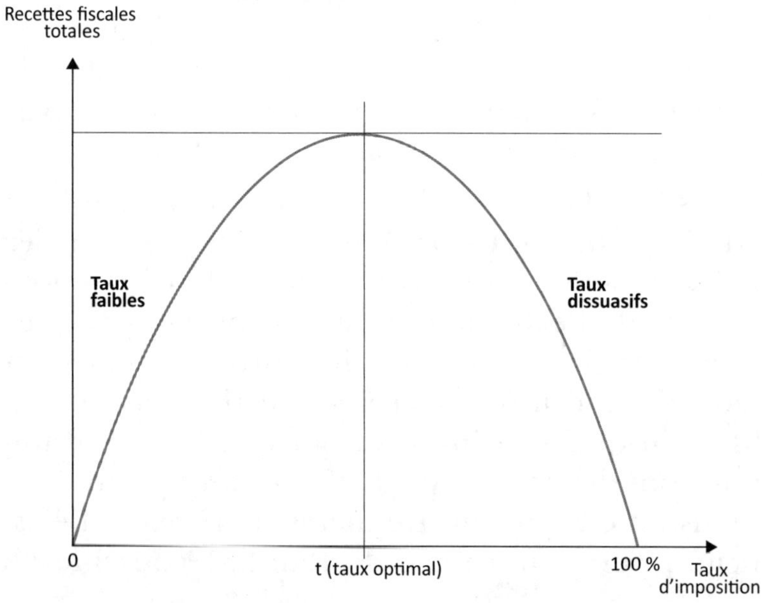

Source : *alternatives économiques, janvier 2012.*

INCIDENCE FISCALE ET REDISTRIBUTION

En économie, l'objectif de redistribution par l'impôt se justifie par deux arguments principaux :

- des mécanismes de redistribution permettent à l'État de maximiser sa fonction de bien-être social, c'est-à-dire d'optimiser le fonctionnement de l'économie selon des critères de justice sociale définis dans une société donnée (économie du bien-être) ;
- de fortes inégalités ou de forts taux de pauvreté exercent d'importantes externalités négatives sur la collectivité (criminalité, conflits sociaux, faible niveau de santé, etc.). Les inégalités peuvent alors être analysées comme une source d'externalités négatives qu'il s'agit de maîtriser.

L'analyse de l'incidence fiscale d'un prélèvement obligatoire ou d'une subvention permet de s'assurer que le dispositif public répond bien à l'objectif de redistribution qui lui a été assigné. De manière générale, elle permet d'étudier sur quel agent pèse le plus une taxe et d'en déduire le meilleur instrument pour redistribuer. L'utilisation combinée de l'IR et de transferts conditionnels apparaît comme l'outil le plus efficace, car il permet d'agir directement sur le revenu disponible des agents tout en laissant le marché fonctionner. Pour autant, l'État ne peut pas redistribuer *ex-ante* de manière parfaitement ciblée les revenus pour atteindre l'optimum de Pareto souhaité. Les instruments choisis ne peuvent donc atteindre qu'un objectif de second rang : toute redistribution entraîne nécessairement une perte d'efficacité. Il revient alors à la puissance publique d'arbitrer entre efficacité et redistribution en suivant la fonction de bien-être social qu'elle s'est fixée.

Au demeurant, les effets redistributifs des taxes et transferts obéissent aux règles de l'incidence :

- seuls les individus supportent in fine le coût économique d'une taxe ou le bénéfice d'une subvention. L'IS repose sur les actionnaires (moins de profits), les salariés (modération salariale) et les consommateurs (renchérissement des biens et services) ;
- l'agent qui s'acquitte légalement d'une taxe n'est pas nécessairement celui qui la paie au sens économique (c'est le consommateur final qui paye in fine la TVA) ;
- l'incidence fiscale est déterminée par l'importance relative de l'élasticité-prix de l'offre et de l'élasticité-prix de la demande (i.e. le côté le moins élastique acquitte l'essentiel de la taxe).

Ces différents éléments d'analyse économique permettent d'identifier les principes d'une redistribution efficace :

- privilégier une approche globale des différentes composantes de la redistribution et non le caractère redistributif de chaque impôt ou subvention :

- privilégier la fiscalité aux autres instruments de redistribution puisque c'est la redistribution globale qui compte ;
- les politiques publiques doivent être jugées sur leur efficacité à atteindre un objectif déterminé et non pas sur l'ampleur de ses effets redistributifs indirects, puisque ces derniers peuvent être corrigés par la fiscalité (principe de séparabilité).

Ainsi, si la redistribution est assurée par l'IR, les autres impôts doivent être jugés en fonction de leur objectif propre. Par exemple, la TVA a une fonction budgétaire, même si par ailleurs ses taux réduits sont peu efficaces pour modifier les revenus des agents. *A contrario*, les taxes comportementales (essence, tabac, etc.) sont souvent anti-redistributives, mais doivent être jugées sur leurs capacités à modifier les comportements des agents économiques.

FISCALITÉ COMPORTEMENTALE

Une taxe pigouvienne est une taxe destinée à internaliser le coût social des activités économiques[5]. Elle vise à intégrer au marché les externalités négatives (principe pollueur-payeur). Elle a pour

5. Pigou A. (1920), *The Economics of Welfare*, Macmilan.

objectif d'envoyer un signal-prix aux agents économiques, et d'améliorer la compétitivité de produits équivalents ne produisant pas d'externalité négative. Une subvention pigouvienne provoque, quant à elle, l'effet inverse en favorisant un produit générant une externalité positive.

On parle d'externalité lorsque l'action d'un agent modifie négativement ou positivement le bien-être d'au moins un autre agent sans donner lieu à une compensation sur le marché. Les externalités peuvent être liées à la production (pollution engendrée par une usine) ou à la consommation (fumer en public). Les externalités sont une forme de défaillance du marché, car elles conduisent les agents à produire ou consommer une quantité excessive (ou insuffisante) de certains biens et abaissent l'optimalité de l'économie. En présence d'externalités, les coûts et bénéfices privés associés aux actions des agents diffèrent de leurs coûts et bénéfices sociaux. Dès lors, les prix ne donnent plus une information exacte et ne permettent pas l'allocation efficace des ressources.

Depuis le développement de ces taxes dans le domaine de la santé (tabac, alcool, boissons sucrées), on parle généralement de taxes comportementales lorsqu'elles ont pour objectif de modifier les comportements des consommateurs. Des taxes élaborées à destination des entreprises peuvent également être analysées comme pigouviennes ;

cela d'autant plus que leur coût final sera, au moins partiellement, répercuté sur le consommateur. Si tous ces principes évoqués dans les pages qui précèdent étaient mis en œuvre avec diligence, on peut espérer que les impôts de demain permettraient de construire un bon équilibre entre financement des services publics, dynamisme de l'économie, redistribution et atteinte d'objectifs de long terme, par exemple en matière environnementale. Le sujet est tellement sensible et difficile à manier que c'est assurément plus facile à dire qu'à faire.

FRAUDE ET ÉVASION FISCALES

En complément de ces bonnes pratiques, il y a, en matière financière, quelques euros à aller chercher en faisant appliquer de manière plus rigoureuse les règles de discipline fiscale et en coopérant davantage au niveau mondial pour limiter les stratégies d'évitement. En la matière, les chiffres les plus variés circulent pour évaluer le manque à gagner pour l'État et donc pour le financement des services publics. Un chiffre de 20 milliards d'euros par an avait été estimé par la Cour des comptes[6]. L'État dispose déjà, fort heureusement, de son propre dispositif de lutte contre la fraude

6. Cour des comptes, « La fraude aux prélèvements obligatoires », Communication au Premier ministre, novembre 2019.

fiscale, qui a permis de collecter 15,2 milliards d'euros en 2023, soit 600 millions de plus qu'en 2022. Du côté de la fraude sociale des entreprises, les URSSAF ont augmenté leurs redressements de 50 %, puisque 1,2 milliard d'euros ont été récupérés en 2023, en nette progression par rapport aux 800 millions de 2022. Du côté des prestations sociales, les CAF ont réussi à collecter 400 millions d'euros de trop versés. L'assurance maladie a fait de même à hauteur de 450 millions d'euros, et l'assurance vieillesse de 200 millions d'euros. De manière plus ciblée, les fausses ordonnances identifiées par les pharmaciens ont évité 11 millions d'euros de dépenses sociales et l'équivalent de 5 millions d'euros de faux arrêts de travail ont été repérés.

Plus largement, l'enjeu est aussi de lutter contre le blanchiment de capitaux, c'est-à-dire « le fait de faciliter, par tout moyen, la justification mensongère de l'origine des biens ou des revenus de l'auteur d'un crime ou d'un délit ayant procuré à celui-ci un profit direct ou indirect[7]. » L'enjeu est double pour les autorités publiques. D'une part, la lutte contre le blanchiment permet de combattre les trafics en tous genres en empêchant les individus concernés d'utiliser les gains financiers qu'ils ont dégagés de leur fraude. D'autre part,

7. Article 324-1 du Code pénal.

elle permet de lutter en aval contre la fraude fiscale en empêchant d'en tirer bénéfice[8]

Mieux cibler pour mieux prélever

Il est très facile de s'en tenir aux propos d'ordre général sur la nécessité de mieux calibrer les impôts et de mieux lutter contre la fraude afin d'améliorer le financement des services publics, mais comment adopter une démarche opérationnelle ? Un premier pas peut être de se poser quelques questions clefs dès qu'un impôt est évoqué dans le débat public. Quel est son objectif ? Est-ce d'augmenter les recettes de l'État, de redistribuer des revenus dans un but d'équité ou de modifier le comportement des agents économiques pour permettre à l'économie dans son ensemble de mieux fonctionner ? On se souvient de la règle de Tinbergen, que les économistes aiment évoquer pour rappeler qu'un instrument ne peut être efficace que s'il n'a qu'un seul objectif : toute multiplication d'objectifs aboutira à un résultat sous-optimal, car aucun ne pourra être pleinement atteint.

Ce raisonnement est particulièrement applicable aux impôts. Ainsi les impôts à logique budgétaire, comme la TVA, permettent des rentrées d'argent

8. Lehman A. (2021), *Monnaies, culture et actualité monétaires*, Dunod.

élevées dans les caisses de l'État, mais sont assez anti-redistributifs et ne permettent pas de modifier efficacement les comportements. Toute modification de cet impôt budgétaire pour atteindre ces deux autres objectifs aboutira systématiquement à une perte de revenus pour l'État, alors il faut bien financer les services publics. De même, l'IR a pour but principal de lisser les revenus, dans une logique d'équité, mais ses recettes sont relativement limitées par rapport à l'attention dont il fait objet. La CSG, on l'a vu, rapporte beaucoup plus discrètement des montants équivalents. De même, toute modification de l'IR dans une logique comportementale ne se fait qu'au détriment de l'objectif de redistribution car seuls les plus aisés peuvent défiscaliser. Or, dans le débat public sur les impôts, chacun prête 1 000 objectifs à chaque impôt ou en signale les effets pervers – potentiellement très résiduels, mais toujours insupportables pour les personnes concernées – d'une modification. Notre débat public sur les questions fiscales gagnerait donc probablement en pertinence si l'on se rappelait l'objectif de chaque impôt, en acceptant qu'il ne pourra pas satisfaire les deux autres. Voilà le prix à payer pour construire un système socio-fiscal cohérent et efficace, qui sera en mesure de concilier efficacité du système économique et bon financement des politiques publiques.

Chapitre 14
Un monde plus incertain

La remontée des tensions internationales dans la première partie des années 2020 a inévitablement des conséquences pour notre sécurité collective[1], mais plus globalement sur les échanges économiques internationaux et donc sur notre capacité à financer les services publics (perte de recettes fiscales), à les approvisionner, par exemple en matériaux critiques, et même à les faire fonctionner. Les services publics doivent donc s'adapter à ce nouveau contexte. C'est d'une certaine manière la fin de la mondialisation heureuse, promue par les économies avancées dans la seconde moitié du XXe siècle – celle qui permettait toujours davantage d'échanges, par la baisse des droits de douane,

1. Voir le chapitre 9, qui traite des politiques de sécurité et de défense.

les accords entre États et la stabilisation des monnaies. Cette dynamique d'ouverture des échanges avait naturellement ses limites et ses détracteurs[2], dont une part toujours plus importante de l'opinion publique, mais elle avait aussi des qualités, au premier rang desquelles davantage de stabilité dans les approvisionnements et dans les flux économiques en général. Les services des administrations publiques, mêmes ceux qui semblent loin de ces enjeux internationaux, devront se plier à ces nouvelles réalités, en gagnant en capacité d'adaptation, y compris face à des crises brutales et difficilement prévisibles.

Fort heureusement, nous ne partons pas de nulle part et l'État compte ses spécialistes des affaires internationales. La diplomatie française appréhende ces évolutions avec précision et a engagé sa propre modernisation pour continuer à s'adapter aux changements du monde. La France dispose ainsi du troisième réseau diplomatique mondial, après la Chine et les États-Unis, avec 163 ambassades, 16 représentations et 92 consulats généraux. En matière éducative et culturelle, ce réseau est étoffé de 118 instituts français, 829 alliances françaises et 580 lycées de l'agence française pour l'enseignement français à l'étranger (AEFE). Ce réseau vise à représenter la France, défendre et

2. Dimitrova A. et Fougier E. (2009), Les illusions perdues de la « mondialisation heureuse », L'Europe en Formation.

promouvoir ses intérêts auprès des autorités locales, mais aussi à offrir des services à destination de la communauté française à l'étranger. Plus globalement, il se donne aussi pour vocation d'agir dans le monde en faveur de la paix, de la sécurité et des droits de l'homme, et de contribuer à l'organisation de la mondialisation pour un développement durable et équilibré. Dans le cadre financier contraint de l'administration française, le ministère de l'Europe et des Affaires étrangères (MEAE) a consenti à des efforts budgétaires significatifs, tout en s'adaptant aux nouveaux défis. Par exemple, dans certains territoires, 25 postes de présence diplomatique ont permis de maintenir une représentation française allégée (avec une moyenne de sept agents) mais concentrée sur ses missions essentielles (action politique et diplomatie économique)[3]. Face à la remontée des tensions mondiales, après trois décennies de baisse, le MEAE a vu son budget progresser de nouveau en 2023 et surtout en 2024, permettant le recrutement de plus de 700 agents (équivalent temps plein) d'ici à 2027, pour accélérer sa transformation. On évoquera ici successivement les défis auxquels fait face l'Europe depuis le début des années 2020, puis ses relations avec les deux géants que sont les États-Unis et la Chine.

3. Annexe au projet de loi de finances pour 2022, Rapport relatif à la mise en œuvre et au suivi de la réforme de l'État et de ses opérateurs à l'étranger.

PANDÉMIE PLANÉTAIRE, SOLUTIONS EUROPÉENNES

La pandémie de Covid-19 (2020-2022) s'éloigne dans notre mémoire collective. Si elle demeure un événement tragique, qui continue d'avoir des conséquences très négatives pour des millions de gens sur la planète, ses répercussions sur nos sociétés, dans leur ensemble, auraient pu être plus dramatiques encore sans l'intervention générale des services publics. À la sortie du premier confinement, on pouvait craindre un effondrement très violent de l'économie mondiale. Cela ne s'est pas produit : les mesures prises par les autorités publiques (chômage partiel, prêts garantis par l'État, soutiens sectoriels, etc.) ont permis de soutenir le cycle et les entreprises ont fait preuve de résilience. Face à cette crise d'une ampleur unique et alors que peu de mécanismes d'entraide internationale existaient, les mesures publiques d'urgence inédites face à la crise se sont multipliées. L'instrument Next Generation EU a permis à la Commission européenne d'emprunter 750 milliards d'euros sur les marchés financiers, si bien que certains ont parlé de « moment hamiltonien » pour l'Europe, en référence à la fédéralisation de l'endettement aux États-Unis en 1790, sous l'impulsion d'Alexander Hamilton (1757-1804) dans la décennie qui suivit la guerre d'indépendance. En France, le gouvernement a mobilisé 100 milliards d'euros avec « France Relance » à l'automne 2020, puis 54 milliards d'euros sur cinq ans, avec « France 2030 », pour renforcer la compétitivité industrielle et investir dans les technologies d'avenir.

Malgré les efforts coordonnés des autorités publiques européennes et nationales, la croissance économique reste moyenne en Europe en comparaison avec les performances de l'économie américaine. En 2024, elle s'établit ainsi à 0,8 % en zone euro, contre 0,4 % en 2023, alors qu'elle était, respectivement, de 2,8 et 2,9 % aux États-Unis sur ces périodes[4]. Au fond, pour beaucoup de citoyens dans les économies avancées, la pandémie de Covid-19 a agi comme une sorte de révélateur d'une situation économique sous-jacente que nous connaissons tous depuis longtemps, sans vouloir la regarder en face[5]. Entreprises, ménages et État sont lourdement endettés, l'activité est alimentée artificiellement par les taux bas, le chômage reste toujours trop élevé et la croissance est durablement faible. On parle souvent des chiffres de la croissance. Pour autant, on oublie que la croissance économique est un phénomène de long terme, qui s'analyse à l'échelle de décennies et qui repose sur des déterminants structurels forts (confiance, éducation, santé, etc.)

---

4. FMI (2025), « Une croissance mondiale hétérogène et incertaine », *Perspectives économiques mondiales.*

5. Lehman A. (2020), *Nous pouvons faire en sorte que la dette liée au covid-19 ne pèse pas sur notre croissance.*

et non à l'aune de la dernière loi de finances. Or, depuis dix ans, la zone euro subit un décrochage par rapport aux États-Unis, sans parler des économies émergentes et de la Chine, si bien qu'une « prochaine crise » – avec des guillemets – est régulièrement annoncée. Face à ce constat, on peut citer deux points majeurs.

D'une part, aucune des grandes innovations de la révolution digitale n'est venue d'Europe. Les GAFAM ou les géants asiatiques (Tencent, Alibaba, etc.) nous imposent peu à peu leur technologie. D'autre part, la zone euro a traversé dans les années 2010 une grave crise de confiance remettant en cause la capacité des États membres à faire face à leurs engagements budgétaires. Les réformes structurelles visant à assainir les finances publiques et à retrouver la confiance des investisseurs ont été difficiles. Surtout, la consolidation budgétaire a limité les marges de manœuvre des États pour soutenir le cycle, alors même que les États-Unis, quant à eux, ont vécu sur cette période leur cycle de croissance le plus long depuis la Seconde Guerre mondiale.

L'Europe semble donc aujourd'hui à la croisée des chemins, entre relance et nécessaire soutien à l'innovation d'un côté, et discipline budgétaire et réformes structurelles de l'autre. Face à la pandémie, elle ne pouvait pas faire un autre choix que celui de la relance. Mais, du fait du retour de l'inflation et de la remontée des taux d'intérêt (2022-2024), elle s'est trouvée très vite sous pression. Elle progresse désormais sur un sentier de crête. L'heure est aux décisions stratégiques.

Dans un monde incertain, les défis de l'approvisionnement

Un des plus grands défis que l'Union européenne devra relever est assurément celui de l'approvisionnement de son territoire en ressources rares[6], pour permettre l'atteinte de ses objectifs stratégiques, en particulier sur le plan environnemental, mais aussi le bon fonctionnement de son économie en général. En 2023, la Commission européenne a présenté sa stratégie sur les matières premières critiques (CRM, Critical Raw Materials), identifiant 51 minerais considérés comme « bientôt plus importants que le charbon et le pétrole ». Depuis 2008, l'UE surveille de près cet enjeu, ces ressources étant indispensables à la production d'équipements technologiques clefs pour la transition énergétique, tels que les éoliennes, les panneaux solaires et les batteries électriques. La décarbonation des systèmes énergétiques repose sur des quantités importantes de minerais

6. Lehman A, Courtial S. (2023), « Si l'Union européenne s'inquiète aujourd'hui de sa dépendance en matières premières, c'est assurément à raison », *Le Monde*.

comme le lithium, le nickel, le cobalt, le cuivre et les terres rares. Or, la production européenne ne couvre qu'une fraction des besoins, entraînant une forte dépendance à des fournisseurs extérieurs.

Face à cette situation, la Commission européenne vise à sécuriser l'approvisionnement en matières premières critiques sur le long terme, malgré deux défis majeurs : une demande en forte croissance d'ici à 2050 et une dépendance accrue à des pays non européens, notamment la Chine. Pour y parvenir, sa stratégie repose sur deux axes principaux. D'une part, renforcer l'autonomie européenne en augmentant la production et le raffinage au sein de l'UE : la part des matières premières stratégiques extraites en Europe devra atteindre 10 % (contre 3 % actuellement), tandis qu'au moins 40 % du raffinage et de la transformation devront être réalisés sur le sol européen (contre moins de 20 % aujourd'hui). De plus, 15 % des matériaux devront provenir du recyclage. D'autre part, l'UE cherche à diversifier ses sources d'approvisionnement en privilégiant les importations en provenance de pays alliés.

Certains concluent de cette situation la nécessité de retrouver une indépendance en relocalisant au maximum ces activités sur le territoire européen. Si cela est possible, dans une certaine mesure, pour la production de métaux ordinaires, de même que *via* le développement du recyclage, pour les matériaux critiques il faut admettre que l'autonomie stratégique européenne ne pourra pas être totale. Or, au moins à moyen terme, l'enjeu n'est pas l'existence de matières premières sur les marchés mondiaux, mais notre capacité à nous les procurer à un prix de marché – qui reflète la réalité de l'offre et la demande – et en quantités suffisantes. C'est donc un problème classique de liquidité de marché. Or, les limites à notre satisfaction sont moins liées à des dysfonctionnements du commerce international qu'à des comportements de monopoleurs, qui abusent de leur position dominante pour imposer leurs prix et limiter les quantités. Ainsi ce qui serait lourdement sanctionné en droit national ne peut être qu'accepté avec résignation à l'échelle mondiale, où les règles de l'organisation mondiale du commerce (OMC) sont peu de chose face aux rapports de force entre États. Cela d'autant plus que ces derniers peuvent prendre des mesures de rétorsion qui sont parfois contraires à leurs propres intérêts économiques.

Face à ces problèmes d'approvisionnement et ces comportements économiques irrationnels, la clef n'est pas l'autonomie totale, ce qui reviendrait à rechercher une forme d'autarcie, dont l'histoire économique montre qu'elle est inatteignable et inefficace. Pour continuer à tirer tous les bénéfices du commerce international, l'économie européenne doit plutôt se concentrer sur la diversification de ses fournisseurs, en mobilisant tous les instruments à sa disposition : le recyclage, bien entendu, mais aussi le renforcement de partenariats commerciaux sur tous les continents. Cela permettrait de faire face à des désordres dans les chaînes de valeur liées à des crises locales et de limiter le pouvoir de marché des plus gros producteurs. Quoi qu'il en soit, la souveraineté économique européenne, dans sa capacité à se fournir en matières premières, ne passera pas par une moindre exposition au commerce mondial, car lorsque les crises se produisent sur notre territoire, nos partenariats internationaux sont bien la meilleure manière d'y faire face.

INCERTITUDES AMÉRICAINES

De l'autre côté de l'Atlantique, les changements politiques imposent aux administrations européenne et française de renforcer leur autonomie vis-à-vis de leur partenaire traditionnel. En janvier 2025, Donald Trump, 45e président américain, est devenu le 47e président des États-Unis, après son élection formelle par le collège des grands électeurs. Le nouveau président n'a pas voulu perdre de temps et ses premières décisions ont eu un impact immédiat sur ses partenaires économiques ainsi qu'en matière de sécurité collective. Si Joe Biden, qui n'était pas toujours du côté des intérêts européens, s'attachait néanmoins à préserver les apparences[7], Donald Trump

---

7. Lehman A. (2020), *Ces défis économiques qui attendent Joe Biden au tournant.*

ne s'embarrasse pas de ce genre de questions. Il aura à cœur de défendre les intérêts économiques des Américains. Il continuera ainsi la politique de basculement vers l'Asie amorcée par Barack Obama, dans laquelle les États du Vieux Continent ne sont que des partenaires parmi d'autres, et pas les plus dynamiques. La présidence Trump a au moins le mérite de faire prendre conscience aux Européens que les États-Unis ne sont pas un protecteur désintéressé. Le soutien aux économies européennes après la Seconde Guerre mondiale avait offert un débouché à la production américaine. Les économies avancées d'Europe – Royaume-Uni, Allemagne et France en tête – avaient ensuite été des partenaires de choix pour promouvoir l'ouverture des échanges. Toutefois, ce moment historique est largement derrière nous. Notre adaptation est donc inéluctable et le plus tôt sera le mieux.

Au demeurant, un des axes majeurs du début du second mandat de Donald Trump a relevé de la réforme de l'État. L'entrepreneur Elon Musk a ainsi été nommé à la tête d'un nouveau département en charge de l'efficacité gouvernementale (DOGE) de juin à mai 2025, avant de rompre sèchement avec lui. Ses premières décisions ont été brutales (licenciements de masse, abandon de programmes liés aux changements climatiques, à l'aide au développement ou à la diversité). Pour autant, l'objectif initial de réduire la dépense publique de 1 000 milliards de dollars est loin d'être atteint, les économies étant officiellement évaluées à 175 milliards de dollars, selon une méthodologie peu transparente. Voilà qui rappelle que les donneurs de leçon sur l'action publique ne sont pas toujours les plus efficaces quand il s'agit de décider effectivement.

LE DÉFI CHINOIS

Si notre relation avec les États-Unis doit s'ajuster, il en va également ainsi de celle que nous entretenons avec la Chine, dont le poids économique ne cesse de se renforcer sur le temps long. Si des progrès considérables ont été accomplis, des incertitudes demeurent et des risques structurels pèsent sur cette économie, lesquels ne sont pas sans conséquences pour la France et l'Europe.

La croissance chinoise est tombée à 2,3 % en 2020, soit le taux le plus bas depuis quarante ans. En 2024, la croissance économique de 5 % a permis aux autorités chinoises d'atteindre leur objectif de justesse. Ce ralentissement, partiellement conjoncturel, était néanmoins nettement prévisible. Dès le milieu des années 2000, le sinologue Jacques Gernet, dans la dernière édition de son *Monde chinois*, relevait les failles de la transformation chinoise, et en particulier la baisse de la croissance démographique et l'industrialisation sans freins. Le ralentissement économique actuel est en grande partie lié à la fin de cycles de transformation, qu'ils soient démographiques, industriels ou sociaux. À court terme, ils ont des conséquences économiques directes qui nécessitent des réponses puissantes. Le secteur immobilier, lequel représente entre 14 et 30 % du PIB selon les estimations, est déstabilisé par la colossale dette privée détenue par de grandes entreprises immobilières, dont Evergrande. Malgré les efforts de Pékin pour soutenir le marché immobilier, les prix des logements dans des dizaines de villes ont poursuivi leur ralentissement[8]. Ces défis sont accentués par des phénomènes climatiques. Dans certaines provinces où le mix électrique repose en grande partie sur l'énergie hydraulique, des vagues de chaleur ont réduit la production qui n'a pas pu répondre à la hausse de la demande en climatiseurs, touchant tout le réseau électrique. Une combinaison de grandes sécheresses et d'inondations dans le sud-ouest de la Chine a également entraîné des pannes de courant répétées affectant des milliers d'usines.

Face à ces défis, la Chine reste bien armée. Le progrès technique et l'innovation deviennent, comme pour les économies avancées, un déterminant central de sa croissance, laquelle bénéficie moins d'effets de rattrapage. C'est le signal d'une Chine qui termine pour de bon son émergence dans les affaires économiques du monde. Pour autant,

---

8. Rogoff K. et Yang Y. (2024), « Chine : le défi immobilier », *Finances & Développement*, FMI.

ce pays a encore besoin d'une forte croissance pour soutenir le développement de l'ensemble de son territoire et financer ses projets politiques et sociaux. Tout d'abord, la Chine devra continuer à compter sur ses entrepreneurs et leur donner les moyens d'exercer dans de bonnes conditions pour capitaliser sur leurs succès. Pour cela, le XXe congrès a annoncé avantager l'économie fondée sur l'innovation plutôt que sur la consommation. Ensuite, le régime devra continuer à proposer un minimum d'avantages aux entreprises étrangères. Toutefois, à long terme, le XXe congrès a mis en exergue la primauté de l'idéologie marxiste sur le pragmatisme économique. Il faudra tout de même mesurer l'application réelle de cette nouvelle doctrine.

Ainsi, des relations avec les États-Unis et la Chine aux crises mondiales, aussi imprévisibles que menaçantes, nombreux sont les défis qui pèsent sur l'Europe, son modèle économique et sur les services publics que les États proposent à leurs résidents. Face à cette situation, il n'y a pas d'autre choix pour les autorités publiques que d'être réactives et innovantes. Des politiques publiques, soutenables financièrement, qui renforcent notre indépendance et augmentent la qualité de notre modèle économique et social, apportent probablement une partie de la réponse.

Conclusion – L'urgence de la décision

De ce vaste panorama sur les services publics, leur efficacité et leur organisation, on peut identifier une constante et un risque. La constante, c'est indubitablement l'engagement pour la qualité : de la défense nationale jusqu'aux hôpitaux, en passant par les institutions culturelles, nous adorons critiquer les services publics, établir des comparaisons défavorables et jouer la petite musique de la nostalgie. Pourtant, sur le temps long, chacun peut reconnaître que peu de sociétés humaines ont atteint ce niveau de service, pour l'ensemble de la population, dans des domaines aussi variés. Le système de santé français soigne des pathologies toujours plus rares et prend en charge un nombre toujours plus nombreux de patients très âgés. Le système scolaire n'a jamais accueilli autant d'élèves, avec autant de personnalisation dans les cursus. Le réseau consulaire français rend des services à un nombre plus élevé que jamais d'expatriés sur toute la planète. Service public par service public, nous pourrions continuer longuement cette liste.

Alors, certes, tout n'est pas comme avant, certains services sont moins bien rendus et des défis importants demeurent. Tout d'abord, pour assurer la pérennité des services publics, il faudra relever le défi de l'attractivité pour réunir, demain comme aujourd'hui, des hommes et des femmes qui souhaiteront mettre leur énergie au service des autorités publiques. Il faut continuer à attitrer tous les talents face à l'ouverture internationale et à la concurrence des grandes entreprises, qui savent offrir des carrières stimulantes, tout en offrant du sens. Il convient ensuite – et surtout – de relever le défi du financement, face à des coûts en augmentation, pour que les Français sentent qu'ils en ont pour leur argent. Enfin, il s'agira de relever le défi de l'équité économique et territoriale, pour que chacun puisse se dire qu'il est traité aussi bien que les autres. Autrement dit, l'enjeu est bien de préserver, dans chaque décision, l'équilibre entre qualité des services publics, rétablissement des comptes publics et justice sociale. De l'harmonie de ce triangle dépend la stabilité de notre modèle. Beaucoup a été fait, mais à une époque où les choses se précipitent toujours davantage, le temps est venu d'accélérer.

Cette accélération est indispensable, car le risque qui pèse sur les services publics est celui d'une transition trop lente ou ratée. Les transitions écologique et numérique sont naturellement au cœur de nos préoccupations. Plus largement, à l'heure où l'an 2000 est désormais loin derrière nous, nous ne pouvons plus conserver comme clef de voûte de notre imaginaire commun l'organisation des services publics des années 1950. La nostalgie est rassurante, mais elle n'est pas toujours bonne conseillère. Les principes du service public doivent, bien entendu, demeurer intacts : continuité du service, adaptabilité aux usagers, égalité de traitement. Ce sont les fameuses lois de Rolland, du nom de Louis Rolland, professeur de droit qui les a dégagées en 1928. On leur adjoint aussi, classiquement, la laïcité et la neutralité. Ces valeurs portent haut le service public et expriment ses spécificités. Mais en matière de préférences des citoyens, d'efficacité organisationnelle et de contraintes, nationales comme internationales, les choses ont bien changé depuis cette époque. Il nous revient donc d'imaginer le service public de demain, en tirant le meilleur de l'héritage du passé, mais sans s'embarrasser de nos anciens rêves pour nous en inventer de nouveaux. Quels services doivent rendre les administrations publiques ? Quel mode de financement retenir ? Comment les organiser pour qu'ils servent au mieux le plus grand nombre ? À ces questions, les pages qui précèdent apportent des éléments de réponse. En revanche, les réponses en elles-mêmes ne relèvent pas de la technique mais bien de la politique. Il revient au débat public et, singulièrement, aux institutions politiques de les trancher. Il s'agit donc de faire des choix, de dire ce que nous voulons collectivement, avant que les contraintes en présence (financement, international, démographie, etc.) ne décident à notre place. Nos systèmes décisionnels en ont la capacité et nous pouvons continuer de nous inspirer d'Alexis de Tocqueville, qui concluait en 1835 sa *Démocratie en Amérique* par cette formule : « Je me sens plein de craintes et plein d'espérances. Je vois de grands périls qu'il est possible de conjurer, de grands maux qu'on peut éviter ou restreindre, et je m'affermis de plus en plus dans cette croyance que, pour être honnêtes et prospères, il suffit encore aux nations démocratiques de le vouloir. »

L'heure est à la décision et à son urgence. Toutefois, certains ont parfois le sentiment que si nos problèmes structurels ne trouvent pas de réponse, ce n'est pas si grave. De leur point de vue, il y aura toujours des étudiants qui accepteront de devenir enseignants ou médecins, il y aura toujours des épargnants qui accepteront de financer la dette française et il y aura toujours des débouchés, quelque part dans le monde, pour les entreprises françaises. Cette forme de confiance paradoxale, si elle peut faire illusion à court terme, ne résiste pas à l'analyse de long terme. Ce risque de transition inachevée des services publics doit être pris au sérieux car, le plus souvent, les choix – ou, en l'occurrence, bien souvent, les absences de choix – finissent par entraîner des conséquences. Si ce n'est pas pour nous, ce sera pour nos enfants.

Au lendemain de la Première Guerre mondiale, en 1919, Paul Valéry écrivait dans sa *Crise de l'esprit* qu'au fond, la guerre avait agi comme un révélateur pour l'opinion publique de l'époque. Par ses atrocités, elle avait favorisé une prise de conscience : « Nous autres, civilisations, nous savons maintenant que nous sommes mortelles. [...] Nous apercevions à travers l'épaisseur de l'histoire, les fantômes d'immenses navires qui furent chargés de richesse et d'esprit. Nous ne pouvions pas les compter. Mais ces naufrages, après tout, n'étaient pas notre affaire. [...] Et nous voyons maintenant que l'abîme de l'histoire est assez grand pour tout le monde. Nous sentons qu'une civilisation a la même fragilité qu'une vie. » Si toutes les mauvaises décisions n'ont pas les mêmes conséquences qu'une guerre, nous pouvons tout de même garder ces mots de Valéry dans notre horizon. Il n'est écrit nulle part que nous parviendrons à relever ces défis, mais nous n'avons pas d'autres choix que de nous mettre au travail. C'est une question d'efficacité pour les services publics en eux-mêmes, mais c'est plus encore une question de cohésion sociale. Dans un monde incertain et complexe, où les fruits de la croissance demeurent inégalement répartis parmi la population et entre les territoires, les services publics apparaissent comme des havres, des refuges sûrs et tranquilles, où chacun peut reprendre des forces.

Remerciements

Adrien Lehman est spécialiste de la pédagogie économique, il enseigne l'économie à Sciences Po et à l'université de Lorraine. Ses cours portent sur l'économie publique et les politiques économiques. La présente publication reflète les idées personnelles de l'auteur et n'exprime pas nécessairement la position des institutions pour lesquelles il travaille. Partagez votre point de vue sur les réseaux sociaux à @adrienlehman.

De vifs remerciements pour leurs conseils et relectures à Bernard Stirn, Léo Amsellem, Clément Bacchi, Benjamin Baudis, Nathan Bercoff, Pauline Bossavie, Edgar Brexel, Jean-Baptiste Chaléroux, Léonard Chanoni, Vincent Daël, Clara da Silva, Théo Gomez, Carole Hentzgen, Louis Machu,

Anicé Massis, Noé Nebout, Pauline Négrin, Bertrand Peyret, Côme de Rocquigny, Edgar Sanson et Margaux Vincent. Le contenu de ce livre ne les engage pas de quelque manière que ce soit.

Table des matières

AU SERVICE DU PUBLIC

Dépôt légal : octobre 2025 – N° éditeur : DBSSI20240157 - N° Imprimeur : 102582347
Achevé d'imprimer en octobre 2025 en France par Présence Graphique - Monts

PEFC
10-31-2677

FABRIQUÉ EN FRANCE